收费公路联网收费工作指南
——通行费电子发票开具工作

行云数聚(北京)科技有限公司　组织编写

人民交通出版社

北京

图书在版编目(CIP)数据

收费公路联网收费工作指南.通行费电子发票开具工作/行云数聚(北京)科技有限公司组织编写.—北京：人民交通出版社股份有限公司,2025.4.—ISBN 978-7-114-20288-9

Ⅰ.F542.5-62

中国国家版本馆 CIP 数据核字第 202531Q095 号

Shoufei Gonglu Lianwang Shoufei Gongzuo Zhinan——Tongxingfei Dianzi Fapiao Kaiju Gongzuo

书　　名：	收费公路联网收费工作指南——通行费电子发票开具工作
著　作　者：	行云数聚(北京)科技有限公司
责任编辑：	王　丹
责任校对：	赵媛媛
责任印制：	张　凯
出版发行：	人民交通出版社
地　　址：	(100011)北京市朝阳区安定门外外馆斜街 3 号
网　　址：	http://www.ccpcl.com.cn
销售电话：	(010)85285857
总　经　销：	人民交通出版社发行部
经　　销：	各地新华书店
印　　刷：	北京科印技术咨询服务有限公司数码印刷分部
开　　本：	787×1092　1/16
印　　张：	5.75
字　　数：	125 千
版　　次：	2025 年 4 月　第 1 版
印　　次：	2025 年 4 月　第 1 次印刷
书　　号：	ISBN 978-7-114-20288-9
定　　价：	68.00 元

(有印刷、装订质量问题的图书,由本社负责调换)

编 委 会

主　　编： 陈　霖　黄　芸　李友良　尹秀玲　董耀茹

参编人员： 李　剑　刘　旭　梅乐翔　唐　毅　胡士祥

　　　　　　张志东　张小冬　邓　娟　任梦琪　李　俐

　　　　　　张　然　任　政　陈宇雯　赵璧君　吕振淑

　　　　　　陈立闻　姜　帆　王铭健　孙海佩　单　莹

　　　　　　李胤恺

前言

2016年,我国全面推行营业税改增值税试点,交通运输业,尤其是收费公路领域,成为"营改增"政策重点实施领域之一。在此背景下,依托于全国联网的ETC(电子不停车收费)系统,收费公路通行费电子发票服务平台形成,实现了收费公路通行费电子发票的统一开具,收费公路通行费电子发票成为增值税抵扣凭证之一,进一步扩大了增值税抵扣的受益群体,满足了财税改革要求,促进了物流行业降本增效,成为推动实现收费公路领域"营改增"政策落地的有效手段。

在收费公路一张网运行体系中,通行费发票作为收费运营业务中的"最后一环",在实现收费公路一张网运行中起到关键作用。随着ETC使用率的提升和路网规模的不断扩大,ETC通行费发票先后经历了从纸质发票到电子发票的两个发展阶段,形成了统一数据编码规则、数据流转体系和促进全网统一的业务规则、运营与服务标准等全方位的运营和服务体系。这一系列变革对实现ETC"一张网运行、一体化服务"发挥了重要的作用,满足了用户对高效通行效率的需要,促进了ETC系统的广泛应用,加速了智慧交通体系建设。

目前,通行费电子发票服务平台的开票与运营能力持续提升。截至2024年6月,通行费电子发票服务平台累计服务全国各收费公路经营管理单位和ETC客户服务机构1175家,开具通行费发票金额10160.89亿元,可抵扣税额达270.87亿元,在有效满足用户高效便捷开具发票需求的同时,对"营改增"政策的实施和为企业降本增效做出了应有的贡献。

本书依据《关于印发〈收费公路通行费增值税电子普通发票开具运营与服务规则〉的通知》(交办公路〔2017〕115号)、《关于收费公路通行费电子票据开具汇总等有关事项的公告》(交通运输部公告2020年第24号)等相关规定,以通行费电子发票的开具工作为主线,结合收费公路联网收费清分结算工作实际,介绍了通行费电子发票开具对于收费公路联网收费的重要意义、收费公路通行费发票发展历程、通行费电子发票服务平台的建设以及运营情况,同时对通行费电子发票开具的规则、工作流程和业务管理进行了重点阐述,以期为交通行业从业人员了解通行费电子发票开具相关工作提供参考。

本书编写得到了交通运输部路网监测与应急处置中心的大力支持,在此表示感谢。

编 者
2025年1月

术语表

序号	术语	释义
1	省中心	省（区、市）的收费公路联网收费结算管理机构
2	发行方	负责公路电子不停车收费车载单元、非现金支付卡的经营和管理主体
3	收费公路经营管理单位	简称"道路业主"，收取客户通行费的出口收费站所属路段的经营管理单位
4	ETC	Electronic Toll Collection 的缩写，电子不停车收费
5	ETC 卡	面向社会公开发行的可用于缴纳收费公路通行费的非接触 IC 卡
6	通行费电子发票	全称"收费公路通行费增值税电子普通发票"，开具对象为办理 ETC 卡的客户
7	发票基础数据	开具通行费电子发票的基础数据，主要包括：交易数据信息、收费拆分结果信息、退费交易信息、补交交易信息、充值交易流水信息、冲正交易流水信息、退款信息等
8	ETC 门架汇总记录	安装 ETC 车载装置的车辆一次行程中，省中心汇总本省（区、市）ETC 门架交易流水形成的记录（含拆分明细），作为车辆通行费拆分凭证和发票基础数据
9	ETC 出口交易记录	出口车道完成对 ETC 卡的电子钱包复合消费交易后所产生的具有不可抵赖性的记录，作为后台记账和清分结算的凭证
10	征税发票	发票左上角标识"通行费"字样且税率栏次显示适用税率或征收率的通行费电子发票，可用于增值税进项税额抵扣
11	不征税发票	发票左上角无"通行费"字样，且税率栏次显示"不征税"的通行费电子发票，不可用于增值税进项税额抵扣
12	消费发票	客户在实际发生通行费用后索取发票的，通过经营性收费公路的部分，由收费公路经营管理单位开具的征税发票；通过政府还贷性收费公路的部分，暂由 ETC 客户服务机构开具的不征税发票
13	充值发票	ETC 储值卡用户在充值后索取的由 ETC 客户服务机构全额开具的不征税发票
14	红冲	客户可对已开具的发票申请发起发票冲红，发票平台为客户开具原有发票的红字发票，并重置交易开票状态为待开状态，恢复用户 ETC 卡可开票金额
15	换票	客户可对已完成的发票申请发起抬头变更申请，客户填写新抬头并经确认后提交申请，平台为客户开具原有抬头的红字发票，并开具新抬头的蓝字发票，实时交付至用户状态
16	税控设备	一种用于税收管理的专用设备，主要指一系列计算机软件、硬件设备以及相关的管理系统，用于实现纳税人的发票开具、税控管理和报税操作
17	抄报税	财政领域术语，是指将防伪开票系统开具发票的信息报送税务机关

目录

第一章　概述 ·· 1
　第一节　通行费电子发票的产生背景 ··· 1
　第二节　通行费电子发票的重要意义 ··· 2
　第三节　通行费发票的发展历程 ··· 3
　第四节　取得的成果 ··· 7
第二章　通行费电子发票业务规则 ··· 12
　第一节　通行费电子发票开具的规定及要求 ··································· 12
　第二节　通行费电子发票开具业务规则 ··· 16
　第三节　发票数据管理 ··· 17
第三章　通行费电子发票开具工作流程 ··· 22
　第一节　发票业务开票方管理 ·· 22
　第二节　开票方涉税业务管理 ·· 32
　第三节　通行费电子发票开具流程 ·· 42
第四章　通行费电子发票业务管理 ··· 45
　第一节　发票服务平台日常业务 ··· 45
　第二节　发票异常数据问题处理 ··· 47
　第三节　发票咨询与投诉处理 ·· 49
第五章　通行费电子发票开具工作展望 ··· 55
附录 ··· 57
　附录一 ·· 57
　附录二 ·· 63
　附录三 ·· 64
　附录四 ·· 69
　附录五 ·· 73
　附录六 ·· 77
　附录七 ·· 80
参考文献 ··· 82

第一章 概 述

通行费电子发票的推广与应用是收费公路行业深化"营改增"政策改革的重要举措,是交通运输和财税领域相融合的一次创新性改革,开启了数字时代高效、环保的智慧交通新篇章。截至2024年上半年,通行费电子发票服务平台累计服务全国各收费公路经营管理单位和ETC客户服务机构1175家,累计托管税控设备2683块,开具通行费发票金额10160.89亿元,可抵扣税额达270.87亿元,在有效满足用户高效便捷开具发票需求的同时,为企业减税降费和物流行业降本增效做出了应有的贡献,对收费公路联网一体化运行和"营改增"政策的实施,乃至行业经济发展均有着重要的意义。

第一节 通行费电子发票的产生背景

一、"营改增"政策实施

在营业税改增值税之前,增值税和营业税的征税范围存在一定的重叠和交叉,导致部分行业在缴纳增值税的同时还需要缴纳营业税。从税制完善性的角度看,两套税制并行破坏了增值税的抵扣链条;从产业发展和经济结构调整的角度来看,我国大部分第三产业排除在增值税的征税范围之外,对服务业的发展造成了不利影响;从税收征管的角度看,两套税制并行造成了税收征管实践中的一些困境。

为消除双重征税的问题,保障税收的公平性和效率性,2011年,经国务院批准,财政部、国家税务总局联合下发营业税改增值税试点方案。2012年1月1日起,上海交通运输业和部分现代服务业开展营业税改增值税试点。2016年3月18日召开的国务院常务会议决定,2016年5月1日起,我国将全面推开"营改增"试点,将建筑业、房地产业、金融业、生活服务业全部纳入"营改增"试点。根据《财政部 国家税务总局关于全面推开营业税改征增值税试点的通知》(财税〔2016〕36号),道路通行服务(包括过路费、过桥费等)按照不动产经营租赁服务缴纳增值税。2017年12月,国务院废止了《中华人民共和国营业税暂行条例》,并修改了《中华人民共和国增值税暂行条例》,这标志着营业税正式退出历史舞台,实现了增值税对营业税的替代。

二、"营改增"的特征

增值税广泛征收于商品和服务的生产和销售环节,具有征收的普遍性。增值税实行价外税制度,仅对商品和服务的增值部分征税,无增值不征税,有效避免了重复征税的问题,保持了税收中性,尽可能避免税收对市场运行产生干扰;实行税款抵扣制度,只对增值部分进行征税,允许纳税人对其投入的原材料等所包含的税款进行抵扣;实行比例税率,增值税根据商品的增值部分按比例征收税款,通过设定不同的比例税率,可以根据不同的商品和服务进行调节,以体现税收的调节作用,有助于促进公平和效率。

三、"营改增"的重要意义

通过"营改增"税制改革,进一步减轻了企业税负,是财税领域打出"降成本"组合拳的重要一招,基本消除了双重征税的问题,成为我国税收体系中的主要税种之一,实现了增值税对货物和服务的全覆盖,避免了营业税重复征税、不能抵扣的弊端,打通了增值税抵扣链条,有力地支持了服务业发展和制造业转型升级。

增值税将不动产纳入抵扣范围,比较完整地实现了规范的消费型增值税制度,有利于扩大企业投资,增强企业经营活力。按照《财政部 国家税务总局关于全面推开营业税改征增值税试点的通知》(财税[2016]36号)规定,道路通行服务(包括过路费、过桥费、过闸费等)等按照不动产经营租赁服务缴纳增值税,即明确了提供这类服务的收费公路经营管理单位,在收取通行费时,应当按照不动产经营租赁的增值税税率和相关规定来计算申报增值税,开具通行费电子发票。

第二节 通行费电子发票的重要意义

一、通行费电子发票对收费公路联网运行的重要意义

随着高速公路网的不断扩大和ETC技术的广泛应用,越来越多的用户获得了更加便捷的公路出行体验。2020年1月1日起,高速公路省界收费站取消,实现全国联网收费,真正实现"一脚油门踩到底"不停车收费。对于用户而言,便捷的公路通行与电子发票开具,构成了其对联网收费服务质量最直观的感受,直接影响到整体服务满意度与出行效率,收费公路通行费增值税电子普通发票依托于税务部门增值税发票管理新系统、交通运输部门全国高速公路ETC系统及运营服务体系开展,对收费公路联网收费运行服务具有重要意义。

(1)满足用户对高效通行效率的需要。在"营改增"政策和全国ETC联网收费的有力推动下,实现通行费电子发票的开具,是坚持了"以人民为中心"的发展理念,成为服务人民群众、提升通行效率的重要手段。截至2024年上半年,ETC用户已超2.64亿个,庞大的用户群体凸显了ETC在便捷出行方面的关键作用,用户通行收费公路后,无须在收费站等待领取发票,而是通过线上自助完成发票开具申请,这不仅缩短了车辆在收费站的停留时间,缓解了交通拥堵,也提升了用户支付和报销的便捷性,赢得了广大物流企业和社会公众的高度评价,彰显了收费公路主管部门致力于提升公众服务的决心。

(2)有效支撑联网收费一体化运营服务。完善了收费公路通行服务链条,实现了从ETC卡办理、通行、缴费到开票的一站式全流程服务,打通了用户在收费公路使用中的"最后一环",完善了收费公路全网收费业务的整体流程,切实贯彻了"让信息多跑路、群众少跑腿"

的服务理念,凸显了数据技术在优化社会公共服务、提升民众生活便捷度方面的强大驱动力。

二、通行费电子发票对经济发展的意义

交通运输是物流的基本环节和重要载体。截至 2023 年,全国拥有公路营运汽车 1226.20 万辆,其中,载客汽车 55.24 万辆,载货汽车 1170.97 万辆,共有网络货运企业 3069 家,公路累计货运量 403.37 亿 t。货运物流企业所产生的过路过桥费,均占公路干线货运企业运输总成本的 30% 左右。通行费电子发票的实施成为物流企业寻求成本控制与效率提升的突破口,原本不可抵扣的通行费税额转变为可进行税务抵扣的项目,实现了物流企业减税降费。此外,电子发票的便捷性与环保特性,顺应绿色经济发展趋势。结合现代税务管理体系,电子发票加速了税务管理现代化进程,对促进经济循环、可持续发展及行业革新具有重要意义。

(1)促进物流业降本增效需求。截至 2024 年上半年,通行费电子发票实现累计可抵扣税额 270.87 亿元,达到了国家进一步推进物流企业降本增效的政策要求,满足了物流企业和社会公众对于通行费抵扣的需求,进一步减轻了物流企业税负,同时推动了交通运输行业产业转型、结构优化,促进消费升级、创新创业和深化供给侧结构性改革,释放了经济活力,对畅通经济大循环、提高企业经营效率和促进生产消费意义重大。

(2)助力推进财税改革。通过数字化手段整合、存储并呈现用户通行记录数据及发票基础数据,实现通行费电子发票的统一开具,积极响应国家深化财税体制改革的要求,最大限度方便了纳税人获取发票和实现税款抵扣,真正践行了习近平总书记关于"让百姓少跑腿、数据多跑路"的重要指示精神。

(3)助力强化税收监管力度。通行费电子发票系统与税务部门增值税发票管理系统相连,税务机关可实时监控通行费电子发票的开具和流转情况,结合全国联网收费数据、ETC卡发行数据及用户开票数据,有效打击通行费电子发票造假和逃税行为,加强了税收征管的透明度和监管力度,规范了通行费领域的业务管理,提升了通行费发票业务的合规性。

第三节　通行费发票的发展历程

伴随着税务管理现代化以及收费公路网络的扩张和数字技术的应用,通行费的发票从传统的纸质形式逐步向电子化转变,为用户带来了更加便捷的服务体验,主要包括以下关键阶段。

一、纸质发票阶段

1. 人工车道纸质发票

我国高速公路建设初期实行全封闭式的收费管理制度,采取"分段建设、分段收费"的运营模式,在此时期,针对收费公路车辆通行费的票据管理,国家尚未形成统一的规范与标准,各省(区、市)因地制宜,实施多样化的票据处理办法。为了加强管理,规范公路收费行为,维

护收费公路经营管理者和使用者的合法权益,2004年8月18日,《收费公路管理条例》(简称《条例》)经国务院第61次常务会议通过,其第三十二条规定:收费公路经营管理者收取车辆通行费,必须向收费公路使用者开具收费票据。

按照《条例》规定,"政府还贷公路的收费票据,由省、自治区、直辖市人民政府财政部门统一印(监)制。经营性公路的收费票据,由省、自治区、直辖市人民政府税务部门统一印(监)制。"在此阶段,一方面,票据由收费站工作人员手动打印或提供,效率较低且容易造成拥堵;另一方面,通行费票据花样繁多,票据名称、票样及内容等由各省自行制定,无固定统一的格式,给出行人员报销带来不便,且出现严重的通行费票据造假现象,不利于规范税务管理(图1-1)。

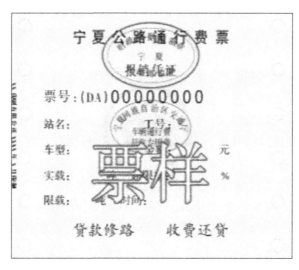

图1-1 人工车道纸质发票式样

2. ETC车道纸质发票

"十一五"期间,交通运输部积极推动实施高速公路联网收费,采取省内"统一收费、统一清分、统一结算"的运营模式,取消省内设置的主线收费站,仅保留省界收费站,实施省域内高速公路联网收费。2007年,交通运输部在京津冀地区与长三角地区实施ETC示范工程,实现区域高速公路不停车缴费通行,此示范工程带动了ETC在全国的广泛应用,有效缓解了收费站拥堵,提升了通行效率,同时促进环保、降低成本。鉴于其显著成效,交通运输部积极推进全国ETC联网收费,各省(区、市)积极响应,于2014年启动全国高速公路ETC联网收费工程建设,最终于2015年9月28日,在全国范围内实现ETC联网,高速公路ETC联网收费工程顺利完成。在保留原人工车道的基础上,用户可选择使用ETC卡通行ETC车道。

用户可通过ETC卡发行服务机构办理ETC充值卡或通过银行办理ETC记账卡。用户使用ETC充值卡,可通过发行服务机构提前进行充值,充值后通行高速公路支付通行费用。用户通过银行办理ETC记账卡,采用ETC与用户银行卡绑定的使用方式,通行后由银行采取通行费扣款的方式支付通行费用。

用户使用ETC充值卡,可以通过发行代理机构、网站进行充值,充值完成后,由发行服务机构代为开具纸质增值税普通发票,开具完成后,由发行服务机构邮寄至用户手中。用户使用 ETC 记账卡通行收费公里路后,由发行服务机构代为开具纸质增值税普通发票(图 1-2),开具完成后,邮寄至用户手中,用户获票便利性和时效性无法满足。ETC 发票仍由各省、自治区、直辖市对发票进行分别管理,发票样式仍无固定统一的格式,不利于规范会计核算行为(图 1-3)。

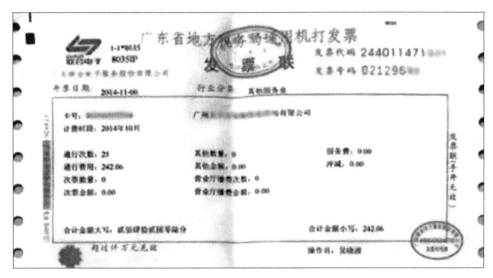

图 1-2 ETC 车道纸质发票式样

图 1-3 不同式样发票

二、通行费电子发票

1. ETC 车道通行费电子发票

(1)"营改增"政策推行。2016 年 5 月 1 日起,国家全面推开"营改增"试点,为贯彻落实营业税改征增值税改革,进一步完善收费公路通行费增值税发票开具,保障收费公路安全便捷高效通行,2016年8月,国家财税部门下发了《关于收费公路通行费增值税抵扣有关问题的通知》(财税〔2016〕86号),对情况复杂的收费公路通行费抵扣税款问题给予了过渡期支持政策。为解决收费公路通行费增值税发票开具等实际问题,交通运输部、财政部、国家税务总局共同研究制定收费公路通行费增值税发票开具的方案,建设全国收费公路通行费电子发票服务平台(简称"发票服务平台"),实现通行费电子发票的统一开具,2018年1月1日通行费发票服务平台正式投入运营。

(2)通行费增值税电子普通发票开具。用户使用ETC卡通行或充值后,通过发票服务平台提交开票申请。通行政府还贷公路的部分,由发行方开具不征税发票;通行经营性路段的由收费公路经营管理单位开具征税发票,ETC预付费用户充值后,由发行方开具不征税发票(图1-4)。同时,由发票服务平台统一生成收费公路通行费电子票据行程汇总单交付用户(图1-5)。未办理ETC卡或用户卡的现金客户,通过收费车道时在收费站获取纸质发票。

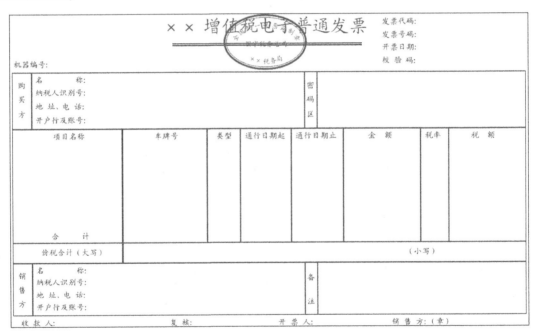

图1-4 通行费增值税电子发票票样

2. 人工车道纸质发票电子化

随着数字科技的发展,收费公路行业逐渐开展数字化转型来提升用户通行体验。2021年6月,四川省作为先行者,与发票服务平台合作,率先实现了人工车道纸质发票的电子化,用户在收费站通行后可直接通过手机端获取电子发票,无须在现场等待领取纸质发票,这标志着四川省成为全国第一个人工车道通行费"纸改电"试点省份,之后在20个省(区、市)中逐步推广开展试点上线。此举不仅降低了票据的制作和管理成本,也提高了收费公路的通行效率,引领了行业数字化转型。

收费公路通行费电子票据汇总单
（按行程索引）

汇总单号：　　　　　　　　　　　　　　　　　　　　　　　　　开票申请日期：XXXX-XX-XX

车牌号码		交易金额		购买方名称				
行程数量		票据数量		纳税人识别号				
行程信息					票据信息			
行程序号	通行日期起止	出入口信息	交易金额	拆分金额	票据序号	票据代码	票据号码	金额（含税）	税率	税额
1										
2										
共X段行程					共X张票据					
价税合计（大写） ⊗					（小写）					
备注										

通行费电子票据服务平台网站（https://www.txffp.com）或票根APP
查验通行费财政电子票据信息请登录全国财政电子票据查验平台（http://pjcy.mof.gov.cn）
查验通行费电子发票信息请登录全国增值税发票查验平台（https://inv-veri.chinatax.gov.cn）

图1-5　通行费电子发票汇总单样式（按行程索引）

第四节　取得的成果

一、形成通行费电子发票服务平台

收费公路，特别是高速公路，是分段建设再逐渐连接成网的，经营管理单位不尽相同。当ETC客户通行后，其缴纳的通行费会按照不同路段的行驶里程和收费标准，拆分给不同的经营管理单位。该种模式下传统的缴费、发票开具和交付方式复杂低效，尤其在满足现代快速支付与结算需求时存在明显不足。

结合收费公路管理和保障收费站通行效率的实际需要，交通运输部提出收费公路依托ETC系统开具增值税发票的3种模式5种方案：一是自主开票模式下由收费公路经营管理单位开具增值税专用发票。二是采用代开发票模式，由收费站、各省ETC联网收费中心或国税局办税网点代开增值税专用发票。三是采用直接抵扣模式，由省ETC联网收费中心定期将备案车辆通行明细传输给国税部门，在企业申报纳税时，税务部门调取相应数据，核算应抵税款直接进行抵扣。

通过对以上模式及方案从责任、成本、效率和风险角度综合对比分析，结合"互联网＋"行动的快速推进和物流信息系统的快速发展，2017年，交通运输部联合国家税务总局提出依托建立统一的数据平台实现收费公路经营纳税，通过构建"一体化平台、多个经营管理主体协同开票、统一交付用户"的数据服务平台体系，依据实际通行数据开具电子发票，解决了收费公路开具增值税发票问题,极大地提升用户开票便利度,同时能够解决物流企业在增值税抵扣环节面临的难题,实现了降低物流企业运输成本,对物流行业的降本增效起到了实质推动作用,也顺应了国家"营改增"税制改革的要求。

2017年6月30日,交通运输部办公厅、财政部办公厅、国家税务总局办公厅联合发布《关于印发〈完善收费公路通行费增值税发票开具工作实施方案〉的通知》(交办公路〔2017〕98号),明确2017年底前,率先实现全国高速公路通行费增值税发票开具工作。2020年底前,建设完成多义性路径识别系统,实现信息化和精准化管理,全面落实营改增政策红利,促进交通运输服务提质升级。

2017年7月5日,国务院常务会议上明确提出了年内实现统一开具高速公路通行费增值税电子发票的工作任务。为贯彻落实常务会议决策,由交通运输部、财政部、国家税务总局相关业务部门组成专项工作组,统筹通行费电子发票开具的相关业务指导和组织协调工作,同步建立部省联合协同工作机制,建设并运营发票服务平台,协调各省(区、市)联网结算管理中心和通行费发票服务平台开展系统建设等工作。

2017年12月6日,交通运输部、国家税务总局联合发布《关于做好收费公路通行费增值税发票开具系统上线运行有关准备工作的通知》(交办公路明电〔2017〕58号),按照文件要求通行费发票开具工作采用统一的税控设备,并于2017年12月完成税控设备集中托管。

2017年12月25日,交通运输部、国家税务总局联合发布《关于收费公路通行费增值税电子普通发票开具等有关事项的公告》,明确用户通过发票服务平台进行开票,同时正式开通发票服务热线95022,为用户提供发票开具业务咨询与投诉工作。

2018年1月1日,通行费发票服务平台正式投入运营,并开出第一张通行费增值税电子发票,实现了高速公路通行费电子发票开具、交付、查询和咨询投诉等的一站式服务。

2020年1月1日,为了便利ETC客户和受票单位电子票据财务处理,根据交通运输部、财政部、国家税务总局、国家档案局发布的《关于收费公路通行费电子票据开具汇总等有关事项的公告》,发票服务平台上线收费公路通行费电子票据汇总单功能,汇总用户多笔通行交易信息及电子发票信息等。

二、形成高效统一的运营数据体系和服务标准

通行费增值税电子普通发票的开具工作由交通运输部统筹指导,交通运输部路网监测与应急处置中心(简称"部路网中心")受交通运输部委托,承担收费公路通行费增值税电子普通发票开具协调工作,分类汇聚相关业务数据,形成了全国收费公路运营与服务"一网化运营,一体化服务"的新模式,促进形成了行业内统一规范的发票数据体系和用户服务标准体系。

1. 构建统一的部省数据体系

(1)部省两级数据体系。全网建成部省两级统一的ETC交易发票基础数据体系,主要包括通行消费交易数据以及通行费争议、退费和补缴等数据。

消费交易数据(含ETC通行交易拆分)是开具通行费电子发票的依据和数据源,直接影响后续发票开具的准确性和及时性。消费交易发票基础数据以客户实际通行路段为依据,

路段应属于唯一法人单位且税率唯一。省中心按要求进行省域收费公路通行费拆分、数据汇聚和传输工作,配合部路网中心开展相关业务工作,配合开展相关的业务咨询和客户投诉处理等工作。发行服务代理机构(以下简称"发行方"),按要求开展ETC卡的发行及售后服务工作,保障发行业务数据及时准确上传至部级系统。部路网中心负责全国各省(区、市)数据的汇聚和交换,实现全网发票基础数据汇聚、拟合,并推送至发票服务平台系统。发票服务平台负责接收部级数据,为收费公路通行客户提供增值税电子普通发票开具服务,开展相关的业务咨询、数据查询和客户投诉处理等工作。

(2)统一数据编码规则。收费公路通行费增值税电子普通发票应用系统、省级各级系统的数据依照《收费公路联网收费数据编码交换规则》(以下简称《编码规则》)来定义,与通行费增值税电子普通发票开具业务相关的系统间流转数据主要分为5类:清分机构数据、发行服务设施数据、应用服务设施数据、客户数据、发票基础数据。

(3)统一数据流转体系。部级、省级系统及发票平台系统建立业务数据流转。省中心系统按要求与部级系统对接,流转数据包括清分机构数据、应用服务设施数据、消费发票基础数据、跨省清分结算数据、状态名单数据。发行/客服系统需要与部级系统交换的数据包括发行服务设施数据、充值发票基础数据、客户数据及业务相关的其他数据。省中心负责对本省通行费交易数据、退费补缴数据进行拆分,拆分结果对应到唯一独立纳税主体(开票主体)且税率相同的路段。交易数据按照客户实际通行路径拆分。对拆分后的数据应进行校验核对,确认拆分金额无误后,形成发票基础数据,按发票基础数据格式要求,将发票基础数据在2个自然日内上传至部级系统。消费发票基础数据上传应在交易发生起7个自然日内完成。发行/客服系统应实时将充值发票基础数据上传至部级系统,部级系统实时接收发票基础数据。

ETC通行交易拆分以出口交易记录和ETC门架汇总记录是否匹配为依据开展,分为省际拆分和省内拆分。用户通行后,省中心应自交易发生之时起2个自然日内上传交易数据至部路网中心,由部路网中心实现全网发票基础数据汇聚、拟合与推送至发票平台。

省际拆分中,在数据完全匹配的情况下,由部路网中心生成发票基础数据,并推送至发票服务平台;在数据不匹配的情况下,由部路网中心进行数据拟合,进行省际拆分,并将省际拆分结果发送至各省中心,通行省中心在收到部路网中心的省际拆分结果后2个自然日内完成省内拆分并上传发票基础数据至部路网中心,由部路网中心推送至发票服务平台。

省内拆分中,由通行省中心在2个自然日内完成省内发票数据的拆分并上传至部路网中心。部路网中心根据门架汇总记录中的拆分明细或省内上传的发票基础数据作为通行交易开票的依据,并推送给发票服务平台。

2. 统一全网服务标准

通行费增值税电子普通发票依托发票服务平台统一开具,并由其提供发票版式文件的生成、查询和交付等服务。基于统一服务平台优势以及取消省界收费站后全国高速公路"一网化运营、一体化服务"新阶段特征,通行费电子发票服务标准化具备了良好的基础和条件。

(1)全网规则统一。2017年8月,为规范和指导全国收费公路通行费增值税电子普通发票开具相关工作,交通运输部和国家税务总局印发《收费公路通行费增值税电子普通发票开具运营与服务规则》,细化明确通行费电子发票开具一般要求、各参与方工作、业务数据管理、发票服务、车道服务、咨询投诉、运营指标等内容,为通行费电子发票开具服务的标准化打下坚实的基础。同时,交通运输部和国家税务总局还根据实际业务的变化,不断调整通行费电子发票开具有关事项并及时向行业和社会进行公告。

(2)全网一体化运营。部路网中心组织各联网省份、收费公路经营管理单位、发行服务机构不断加强发行数据、发票基础数据的生成和传输管理,缩短发票数据上传时间,加强发票基础数据传输监控,持续提升业务数据的安全性、准确性和完整性。

(3)全网一体化服务。全网协同开展发票业务咨询和客户投诉处理,积极探索搭建ETC服务监督热线95022、线上发票服务渠道等,截至2024年6月,全网受理2492.71万例客户咨询,客户满意度99%以上。同时,基于"多次通行、一次汇总,电子票据打包下载,无纸化报销归档"的开票服务模式,使客户获票时限缩短,获得了社会公众、运输企业及相关单位的普遍认可和好评。

3. 税务监管服务

在符合税务法规和要求的前提下,通行费电子发票开具相关政策及业务规则经交通运输部、财政部、国家税务总局及国家档案局共同研究制定,统一规范了通行费电子发票的开具和管理,促进税收管理的规范化和高效化。

通行费电子发票的开具环节严格按照政策执行,最大程度方便了纳税人获取发票和实现税款抵扣,通过现有的数据体系实现通行用户车辆、ETC卡信息与实际通行记录、通行消费交易和通行费收入的一一对应,确保了通行费业务流、资金流以及发票流的一致性。税务部门可实时掌握通行费收入情况,确保收入的准确性和完整性,为税务部门实施税收征管、确定税款和征收以及税收执法检查提供了重要依据,加强了对收费公路行业收入监管,成为我国税收信息化监管重要环节。

通行费发票服务平台同税务部门建立了协同服务机制。一是在政策方面,发票服务平台积极响应税收政策调整,依此配合做好发票服务平台业务调整和系统调整,保障业务与政策一致性。二是在日常发票问题方面,平台通过95022为用户提供发票咨询与服务,税务部门通过12366热线为用户提供通行费电子发票的相关税务咨询。

三、形成了一系列有力的保障性政策文件

截至2024年6月,通行费电子发票开具过程中涉及的相关政策文件包括:

《财政部 国家税务总局关于全面推开营业税改征增值税试点的通知》(财税〔2016〕36号);

《会计档案管理办法》(中华人民共和国财政部 国家档案局令第79号);

(1)《交通运输部办公厅 财政部办公厅 国家税务总局办公厅关于印发〈完善收费公路通行费增值税发票开具工作实施方案〉的通知》(交办公路〔2017〕98号);

(2)《交通运输部办公厅 国家税务总局办公厅〈关于做好收费公路通行费增值税发票开具系统上线运行有关准备工作〉的通知》(交办公路明电〔2017〕58号);

(3)《交通运输部办公厅 国家税务总局办公厅关于印发收费公路通行费增值税电子

普通发票开具运营与服务规则的通知》(交办公路〔2017〕115号);

(4)《交通运输部　国家税务总局关于收费公路通行费增值税电子普通发票开具等有关事项的公告》(交通运输部公告2017年第66号);

(5)《交通运输部　国家税务总局关于收费公路通行费增值税电子普通发票开具等有关事项的公告》(交通运输部公告2020年第17号);

(6)《交通运输部　财政部　国家税务总局　国家档案局关于收费公路通行费电子票据开具汇总等有关事项的公告》(交通运输部公告2020年第24号);

《中华人民共和国发票管理办法》(国务院令第764号);

《中华人民共和国发票管理办法实施细则》(国家税务总局令第56号)。

第二章 通行费电子发票业务规则

第一节 通行费电子发票开具的规定及要求

一、发票开具对象

通行费电子发票的开具对象为使用 ETC 卡通行收费公路,缴纳车辆通行费以及对 ETC 卡充值的用户。

二、发票种类

按照收费公路通行费增值税电子普通发票开具运营与服务规则,ETC 预付费客户在充值后索要发票的,由发行方选择不征税编码开具增值税电子普通发票(以下简称不征税发票),实际发生通行费用后,发行方和收费公路经营管理单位均不再开具发票;客户在充值后未取得不征税发票而在实际发生通行费用后索要发票的,通过经营性公路的部分由收费公路经营管理单位开具左上角打印"通行费"字样的增值税电子普通发票(以下简称征税发票)。

针对收费公路分段建设、经营管理者众多等特性,为便利通行费电子票据财务处理,根据客户需求,通行费电子发票服务平台以一次或多次行程为单位,在汇总通行费电子发票和通行费财政电子票据信息基础上,统一生成收费公路通行费电子票据汇总单,作为已开具通行费电子票据的汇总信息证明材料。

1. 通行费电子发票按照是否可以抵扣分为征税发票和不征税发票

(1)征税发票。用户使用 ETC 卡通行经营性收费公路的,由收费公路经营管理单位开具征税发票,发票左上角标识"通行费"字样且税率栏次显示适用税率或征收率的通行费电子发票,可按规定用于增值税进项抵扣(图2-1)。

(2)不征税发票。用户通行政府还贷性公路以及采取充值方式预存通行费的,由 ETC 发行服务机构开具不征税发票,左上角无"通行费"字样且税率栏次显示"不征税"通行费电子发票,不可用于增值税进项抵扣(图2-2)。

示例:用户通行河南某两条路段,通行记录包括经营性与还贷性路段,发票服务平台按照同一经营管理单位、同一税率合并生成发票,并按照行程索引生成发票汇总单,如图2-3～图2-5 所示。

2. 按照用途分为充值发票和消费发票

消费发票指客户通行经营性公路或政府还贷性公路开具的发票。充值发票指客户采取充值方式预存通行费,可由 ETC 客户服务机构开具不征税发票,不可用于增值税进项抵扣。

第二章　通行费电子发票业务规则

图 2-1　征税、消费发票式样

图 2-2　不征税发票式样

图 2-3　通行经营路段，按行程生成的征税发票式样

图 2-4　通行还贷路段，按行程生成的不征税发票式样

收费公路通行费电子票据汇总单

（按行程索引）

汇总单号：4120230900327913　　　　　　　　　　　　　开票申请日期：2023-09-11

车牌号码	▇▇▇▇▇	交易金额	¥84.55	购买方名称	▇▇▇▇▇
行程数量	2	票据数量	2	纳税人识别号	▇▇▇▇▇

行程信息					票据信息					
行程序号	通行日期起止	出入口信息	交易金额	拆分金额	票据序号	票据代码	票据号码	金额（含税）	税率	税额
1	20230908 20230908	豫·河南文化路站 至 豫·河南偃师东站	33.25	33.25	1	▇▇▇	▇▇▇	79.65	3%	2.32
2	20230909 20230909	豫·河南关林站 至 豫·河南陇海西路站	51.30	4.90 46.40	2 同1号发票	▇▇▇	▇▇▇	4.90	不征税	—
共2段行程			¥84.55		共2张票据			¥84.55		¥2.32
价税合计（大写）		⊗捌拾肆元伍角伍分				（小写）¥84.55				
备注：										

通行费电子票据服务平台网站（https://www.txffp.com）或票根APP
查验通行费财政电子票据信息请登录全国财政电子票据查验平台（http://pjcy.mof.gov.cn）
查验通行费电子发票信息请登录全国增值税发票查验平台（https://inv-veri.chinatax.gov.cn）

图2-5　按行程索引生成的汇总单式样

示例：用户充值后索取充值发票，发票服务平台按照一次充值记录生成一张充值发票和票据汇总单，如图2-6、图2-7所示。

图2-6　充值发票式样

收费公路通行费电子票据汇总单

(充值票据)

汇总单号：4120240600508681　　　　　　　　　　　开票申请日期：2024-06-20

车牌号码	████	交易金额	¥20.00	购买方名称	██
票据数量	1	充值次数	1	纳税人识别号	(无税号)

票据信息						充值信息			
票据序号	票据代码	票据号码	金额(含税)	税率	税额	充值时间	开票单位	充值渠道	充值金额
1	████	████	20.00	不征税	***	2023-09-10 13:49:09	████	线上渠道	20.00
共1张票据			¥20.00		¥0	共1次充值记录			¥20.00
价税合计（大写）		⊗贰拾元整				(小写) ¥20.00			
备注：									

通行费电子票据服务平台网站（https://www.txffp.com）或票根APP
查验通行费财政电子票据信息请登录全国财政电子票据查验平台（http://pjcy.mof.gov.cn）
查验通行费电子发票信息请登录全国增值税发票查验平台（https://inv-veri.chinatax.gov.cn）

图 2-7　充值发票汇总单式样

第二节　通行费电子发票开具业务规则

一、一般规定

（1）收费公路通行费增值税发票以增值税电子普通发票的形式为主。

（2）发票服务平台提供增值税电子普通发票版式文件的生成、查询和交付等服务。

（3）客户如需取得增值税电子普通发票，应取得 ETC 卡，并在发票服务平台注册登记。

（4）客户通过发票服务平台注册账户，通过验证后，可将一张或多张 ETC 卡或用户卡绑定到发票服务平台的开票账户下，绑定前应确保卡内信息真实有效。发行方应为客户补全 ETC 卡或用户卡内车牌信息。

（5）ETC 预付费客户在充值后索要发票的，由发行方选择不征税编码开具增值税电子普通发票（以下简称不征税发票），实际发生通行费用后，发行方和收费公路经营管理单位均不再开具发票；客户在充值后未取得不征税发票而在实际发生通行费用后索要发票的，通过经营性公路的部分由收费公路经营管理单位开具左上角打印"通行费"字样的增值税电子普通发票（以下简称征税发票），通过政府还贷公路的部分，暂由发行方开具不征税发票。

ETC 后付费客户索要发票的，通过经营性公路的部分，由收费公路经营管理单位开具征税发票；通过政府还贷公路的部分，暂由发行方开具不征税发票。未办理 ETC 卡或用户卡的现金客户，暂按现有方式执行。

（6）ETC 预付费客户可在充值后实时取得不征税发票，发票金额为发行方实际收取的费用。

（7）客户可在实际发生通行费用后的第 7 个自然日起，取得相应消费的增值税电子普通发票（异常交易除外）。

（8）收费公路经营管理单位开具的发票金额为提供道路通行服务所收取的全部价款和价外费用。

(9) ETC 卡充值和通行消费严禁重复开票。

(10) ETC 卡或用户卡在发行方注销后,注销前所发生的通行费交易仍可开票。

二、发票开具相关规则

1. 消费后发票开具

(1) ETC 卡客户缴纳通行费,收费站出口不提供纸质通行费票据;客户在缴费时,如有 ETC 卡余额不足、账户透支等情况转为现金缴费的,收费站出口不提供纸质通行费票据;用户卡客户刷用户卡读取车牌信息、现金缴费通行,收费站出口不提供纸质通行费票据。

(2) 省中心完成交易数据拆分,生成发票基础数据,经收费公路经营管理单位确认后上传至部路网中心。

(3) 客户可在发票服务平台申请开具、查询、下载增值税电子普通发票,发票服务平台依开票需求向部路网中心调用数据。

2. 充值后发票开具

(1) 客户充值后可登录发票服务平台,选择相应充值记录申请开具不征税发票。

(2) 充值交易如需冲正,发行方应上传冲正数据,已开发票的应开具红字发票。

(3) 发行方为充值后已开具不征税发票的客户退款前,应开具红字发票冲抵退款金额。

3. 退费业务的发票处理

(1) 退费交易应由客户投诉、通行数据核查或业务协调的处理结果生成。省中心应在退费确认后 1 个自然日内,完成拆分并上传发票基础数据。

(2) 客户在充值后已开具不征税发票的,发生退费业务不开具红字发票。

(3) 客户消费后已开具发票的,发生退费业务,应由开票方开具红字发票。

(4) 客户消费后尚未开具发票的,发生退费业务,应按退费后实际收取金额开具发票。

(5) 完成退费发票处理后,跨省非现金交易进入跨省退费结算,省内非现金交易及现金交易进入省内相应流程。

(6) 收费公路经营管理单位应在红字发票开具后退费给发行方,发行方将退费金额充回客户的卡账内。

第三节　发票数据管理

一、发票数据内容

(1) 发票数据包括:清分机构数据、发票基础数据、发行服务设施数据、客户数据。

(2) 发票基础数据主要包括:非现金收费入口交易数据信息、非现金收费出口交易数据信息、非现金收费拆分结果信息、非现金退费交易信息、非现金补缴交易信息、现金收费入口交易数据信息、现金收费出口交易数据信息、现金收费拆分结果信息、现金退费交易信息、现金补缴交易信息、充值交易流水信息、冲正交易流水信息、退款信息。

移动支付交易数据参照现金收费交易数据上传。

(3)发行服务设施数据包括:发行方信息、客服合作机构信息、服务网点信息、流动服务网点信息、自助服务终端信息、线上服务渠道信息。

(4)客户数据包括:客户信息(自然人、单位)、客户车辆信息、用户卡信息、客户OBU(车载单元)信息、用户卡黑名单、OBU黑名单。

二、发票数据上传要求

(1)交易数据应按照客户实际通行路径拆分。

(2)交易数据应按照路段逐条进行拆分,路段应属于唯一法人单位且税率唯一。

(3)拆分结果作为发票基础数据,应由相应的收费公路经营管理单位确认,确认无误后上传。

(4)充值交易产生时,发行方应实时上传发票基础数据。

(5)争议支付的处理结果生成1个自然日内,省中心应上传发票基础数据。

(6)发票基础数据上传后严禁修改。

(7)退费交易应依据原始交易记录的拆分结果进行相应冲正。

(8)补缴非现金交易应依据原始交易拆分和结算,其他补缴交易可依照省内规则实施拆分。

(9)各参与方应对数据的准确性和及时性负责。

(10)各参与方应保证数据按照《收费公路联网收费数据编码交换规则》上传。

(11)发生突发性事件影响数据上传时,省中心应立即处理并即时向部路网中心报备,处置完毕5个工作日内报送事件情况报告。部路网中心应通过发票服务平台告知用户。

(12)数据的采集、传输、使用过程中所涉及的单位,须遵守国家相关法律法规,履行网络安全保护义务,采取技术及其他措施,确保网络与信息安全,维护各方利益。

三、发票数据上传流程

1. 单省ETC交易数据上传流程

(1)ETC出口交易记录应实时上传至省中心,最晚不得超过交易发生之时起3个自然日,省中心收到出口交易记录后应即时发布给发行服务机构进行记账。

(2)发行服务机构应即时完成ETC出口交易数据记账并返回结果,最晚不得超过省中心发布交易数据之时起24h。

(3)省中心对确认记账的交易按照客户实际通行路段进行精确拆分,省内拆分应分路段逐条拆分,路段应属于唯一法人单位且税率唯一。

(4)省中心按照拆分明细生成发票基础数据并实时上传至部路网中心。

(5)部路网中心即时推送发票数据至发票服务平台(图2-8)。

2. 单省非ETC交易数据上传流程

(1)其他交易的出口交易记录应实时上传至省中心。

(2)省中心收到出口交易记录后,应按照客户实际通行路段进行精确拆分,省内拆分应分路段逐条拆分,路段应属于唯一法人单位且税率唯一。

(3) 省中心按照拆分明细生成发票基础数据并实时上传至部路网中心,最晚不得超过交易发生之时起 2 个自然日。

(4) 部路网中心接收到发票基础数据后即时推送至发票服务平台(图 2-9)。

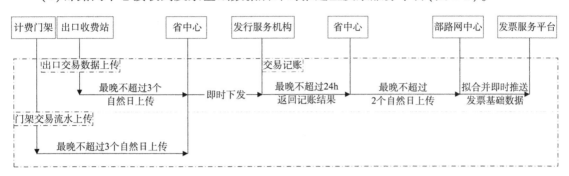

图 2-8　单省 ETC 交易数据上传时序图

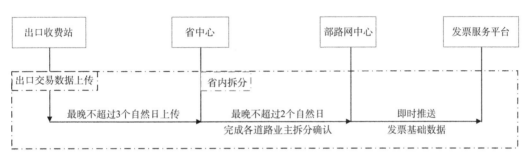

图 2-9　单省非 ETC 交易数据上传时序图

3. 跨省 ETC 交易数据上传流程

(1) ETC 出口交易记录和 ETC 门架交易流水应实时上传至省中心,最晚不得超过交易发生之时起 3 个自然日。

(2) 省中心收到 ETC 出口交易记录后,应即时上传至部路网中心,最晚不得超过 1 个自然日。省中心收到 ETC 门架交易流水后,确认驶离本省(区、市)的,将含省(区、市)内拆分明细的 ETC 门架汇总记录实时上传至部路网中心,最晚不得超过途经本省(区、市)最后一个门架交易时间 4 个自然日。

(3) 部路网中心收到 ETC 出口交易记录后,应即时发布给发行服务机构记账,发行服务机构应该 24h 内返回记账结果。

(4) 对发行服务机构确认记账的 ETC 交易,部路网中心以出口交易记录和 ETC 门架汇总记录为依据精准拆分,并生成拆分结果。

(5) 按照 ETC 门架汇总记录与出口交易记录金额完全匹配进行拆分的,由部路网中心根据门架汇总记录中的拆分明细生成发票基础数据,其他由通行省中心在确认拆分结果后 2 个自然日内完成省内拆分并上传发票基础数据。部路网中心生成(收到)发票基础数据后,即时推送至发票服务平台(图 2-10)。

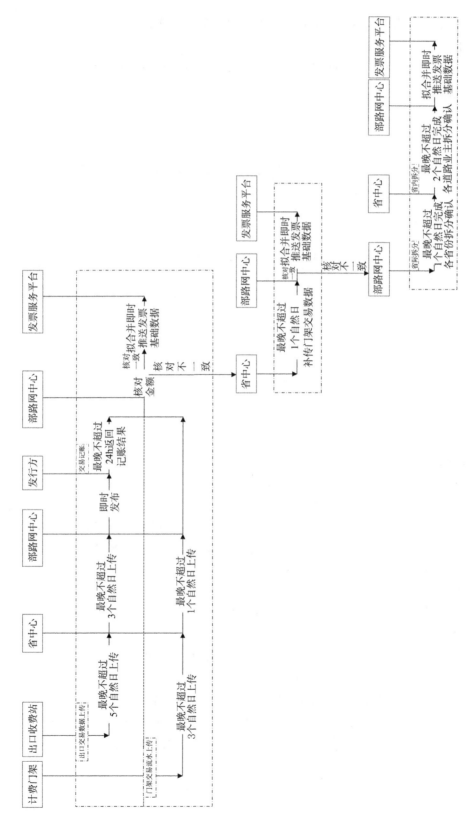

图 2-10 多省ETC交易数据上传时序图

4.跨省非 ETC 交易数据上传流程

(1)其他交易的出口交易记录应实时上传至省中心,最晚不得超过 3 个自然日,省中心收到出口交易记录后,应将多省其他交易实时上传至部路网中心,最晚不得超过 1 个自然日。

(2)部路网中心以出口交易记录为准进行精准拆分并生成拆分结果。

(3)按照 ETC 门架汇总记录与出口交易记录金额完全匹配进行拆分的,由部路网中心根据门架汇总记录中的拆分明细生成发票基础数据,其他由通行省中心在确认拆分结果后 2 个自然日内完成省内拆分并上传发票基础数据。部路网中心生成(收到)发票基础数据后,即时推送至发票服务平台(图 2-11)。

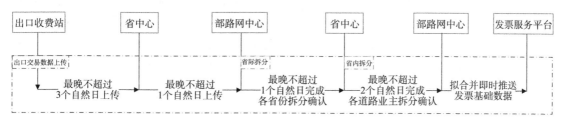

图 2-11 跨省非 ETC 交易数据上传时序图

第三章　通行费电子发票开具工作流程

第一节　发票业务开票方管理

基于发票基础数据的有力支撑,在开具通行费电子发票前,发票服务平台作为统一实现开具的单位,需协同开票方(道路业主)完成开票前的各项准备工作。路段开通收费前,道路业主应将用于开具发票的税控设备(主要指核心板)托管至发票服务平台,以便进行集中管理和运维;开票期间,发票服务平台应与道路业主紧密合作,协同做好开票方信息的及时更新与维护,确保发票开具业务正常运转。发票服务平台需建立健全开票方及路段信息的新增、变更及注销管理制度,有效协调道路业主、各省中心及发行方确保收费路段基础信息的准确性与一致性,同时处理好日常开票方管理工作。

一、开票方新增

1. 基本流程

各省在新的路段开通前,省中心应提前一个月向部路网中心进行新增报备,发票服务平台应协助道路业主完成发票电子签章的制作、税控设备的托管以及通行费电子发票的领用和分发等工作,如图3-1所示。

(1)路段计划开通收费前,道路业主应至少提前一个月向所属省份的省中心进行新增报备,并同步告知发票服务平台。

(2)发票服务平台应协助道路业主办理电子签章等新增相关事项。

(3)道路业主需采购统一的开票税控设备。

(4)前往税务局办理发票的票种核定和税控设备的发行,核定的票种为增值税电子普通发票(通行费)。

(5)发行工作完成后,道路业主应及时将税控设备托管至发票服务平台。

(6)发票服务平台对已发行的税控设备进行检测,确保发行信息无误,并完成设备上架。

(7)税控设备上架后,发票服务平台应为道路业主建立开票方档案和开票终端。

(8)道路业主应完成空白发票的申领,确保开通收费前将空白发票分发至开票终端。

(9)省中心应及时上传新增路段基础信息、业主唯一对应机构编码,并上传至部路网中心。

(10)部路网中心发起线上工单,发票服务平台核实路段经营性质、税率和业主基础信息是否准确无误,审核结果同步至部路网中心。

(11)路段基础信息无误后,部路网中心启用路段基础信息,发票服务平台配置业主机构编码,完成开票前准备工作。

(12)道路业主应每月及时关注空白发票余量,完成每月抄报税工作,确保用户发票正常开具。

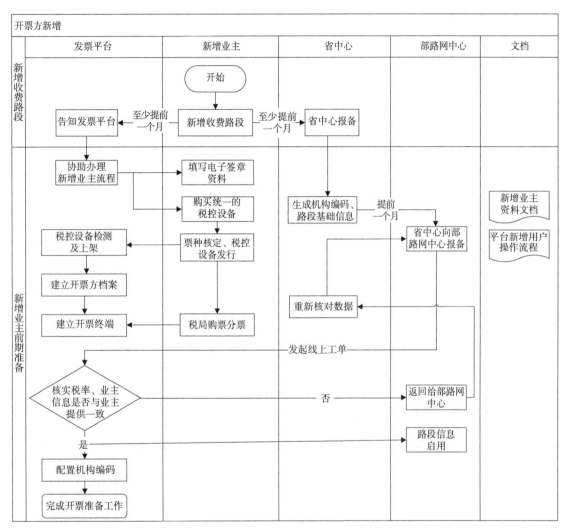

图 3-1　开票方新增流程图

2. 电子签章制作

新增收费路段需填写的电子签章资料包括:电子发票专用章申请授权书、数字证书代办委托书、签章申请表、数字证书填写表(新增)、上架申请表(新增)、"发票专用章"样章、用户基础信息表。以上材料填写无误并加盖路段经营管理单位发票章和公章后交付至发票服务平台,由发票服务平台负责申请电子签章的制作。

(1)电子发票专用章申请授权书样式与填写要求,如图 3-2 所示。

(2)数字证书代办委托书样式与填写要求,如图 3-3 所示。

电子发票专用章申请授权书

致：×××

兹授权 __(必填)__ 代表我司申请电子发票专用章 CA 证书。

企业名称	必填
企业税号	必填
经办人及电话	必填
印章图片	下横排号码：发票专用章下横排，没有填写无
企业公章	我单位保证提交申请信息真实有效，并承担相应法律责任。 此复印件与原件一致，申请电子签章使用。 （公章）

经办人签字	必填、手签	法人签字（或法人印章）	必填、手签或人名章	申请日期	必填、手签

特此授权，请予受理。

备注：此授权书需要单位盖章。在有效期内，被授权人在操作权限同等公司行为。

图 3-2　电子发票专用章申请授权书

数字证书代办委托书

因电子发票业务需要，兹有我方××××公司委托×××代为办理签名服务器纳税人数字证书申请、注销相关工作，我公司及下属子公司数字证书申请信息内容如下表：

序号	地区	企业名称	税号	新税号（证书更新）
1	省、市	××××	××××	同为税号
2				
3				

委　托　人：(公司名称)

地　　　址：××××

电　　　话：××××

授权代表签字：手写签名

日　　　期：××××

图 3-3　数字证书代办委托书

(3)签章申请表样式与填写要求,如图 3-4 所示。

序号	企业名称	税号	主管税局	主管税局代码	下横排号码
1	××××	××××	国家税务总局××××	××××	××××/无

图 3-4 签章申请表

(4)数字证书填写表样式与填写要求,如图 3-5 所示。

地区	企业名称	税号	税务机关代码	主管税务机关名称	用户 ID(更新前)
××	××	××	××	#N/A	××
				#N/A	

图 3-5 数字证书填写表

(5)开票方基础信息表样式与填写要求,如图 3-6 所示。

一、收费公路通行费增值税电子普通发票开票方开票信息表

省份	机构编号	类型	纳税人识别号统一社会信用代码	名称单位名称	纳税省份/计划单列市	地址	电话	开户行名称	银行账号	开票人	复核人	收款人	备注
××	××	××	××	××	××	××	××	××	××	××	××	××	××

备注:请确认开票方信息有无变更,如有,请填写最新信息;如无变更,请在备注栏注明"无变更"即可。

二、发票服务平台用户登录账号信息

姓名	手机号	角色	备注
××	××	开票方-服务人员	

备注:请确认账号信息有无变更,如有,请填写最新信息并在备注栏注明原账号是否停用,所填写最新信息将作为贵单位用户登录账号;如无变更,请在备注栏注明"无变更"即可。

三、路段信息

收费路段名称	路段性质	收费路段编号	是否纳税	税率	备注
××	××	××	××	××	
××	××	××	××	××	

备注:请确认原路段信息是否有变更,如有,请填写最新路段信息;如无变更,在备注栏说明"无变更"即可。

图 3-6 开票方基础信息表

3. 税控设备发行及检测

1)设备发行

道路业主在购买税控设备后需到主管税务局进行票种核定和发行,通行费税控设备只可以发行两种票种:①增值税普通电子发票(11 号段)。②增值税普通电子发票(通行费)(12 号段)。

2)设备检测

税控设备发行完成后,由发票服务平台对设备发行信息进行检测,确定道路业主发行的票种信息是否正确。主要检测内容包括以下两种:

(1)税控盘发行票种信息,票种应当只有(0X1A)为正确,如有其他的票种信息,为发行错误,需重新发行(图 3-7)。

(2)NISEC(国家信息安全工程技术研究中心)信息是否准确,需核实公司名称是否准确,检测结果显示"未注册"(图 3-8)。

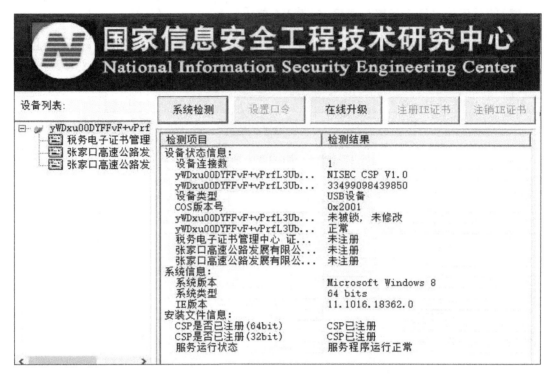

图 3-7 税控盘发行票种信息

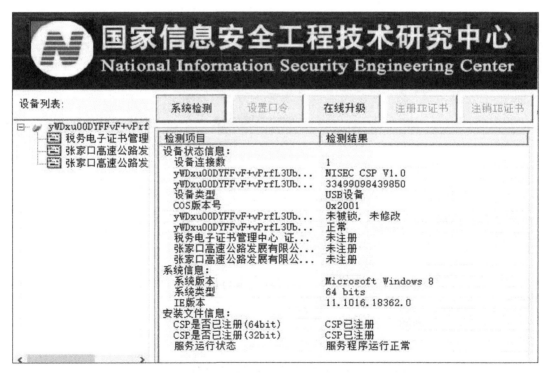

图 3-8 NISEC 信息

二、开票方信息管理

开票方信息管理主要指对开票方发票票面信息的管理。通行费电子发票在运营过程中,开票方因业务调整等因素,会出现需对原有开票方信息申请变更的情况,包括公司名称、税号、开票方人员信息变更,以及登录发票服务平台后端系统账号权限变更等。为保障业主开票方信息准确无误,业务人员应严格按照操作流程变更操作,以下就不同情况的处理流程进行介绍。

1. 变更公司名称

(1)道路业主变更公司名称前应至少提前一个月向发票服务平台发送关于更换单位名称的函。

(2)发票服务平台应发布关于道路业主变更公司名称的对外公告,协助道路业主完成发票电子签章的更新。道路业主填写电子发票专用章申请授权书、数字证书代办委托书、签章申请表、数字证书填写表(变更),做好变更开票准备工作。填写的电子签章资料除数字证书填写表(图3-9)之外,其他表格与新增流程填写的一致。

地区	原企业名称	原税号	原税务机关代码	原主管税务机关名称
省、市	××××	××××	××××	国家税务总局××××

地区	企业名称	税号	税务机关代码	主管税务机关名称
省、市	××××(变更后)	××××	××××	国家税务总局××××

图3-9 数字证书填写表(变更公司名称)

2. 变更公司名称及税号

因税号涉及用户开具红字发票,道路业主需变更公司名称及税号的,需按照新增开票方流程处理,新公司名称及税号作为单独开票主体重新申请制作电子签章,购买税控设备及发行。

3. 其他信息变更

其他信息变更主要指变更公司地址、电话、收款人、开票人、复核人,以及道路业主登录发票服务平台系统账号权限信息。

(1)发票服务平台向提供道路业主统一变更函件模板(图3-10)。

(2)道路业主填写变更事项函件,并盖有公司公章或财务章,将变更函件扫描件交由发票服务平台统一变更处理。

×××公司关于变更开票方信息的函

×××:
  我公司因××原因,现要求变更登录通行费服务平台开票方信息:
  公司名称:
  税号:
  原登录手机号:
  新登录手机号:
  原开票人姓名:
  新开票人姓名:
  原收款人姓名:
  新收款人姓名:
  原复核人姓名:
  新复核人姓名:
  原银行名称:
  新银行名称:

×××有限公司
××××年××月××日

图 3-10 变更函件模板

三、开票方注销

道路业主因变更开票主体或停止收费不再继续使用发票服务平台开具通行费电子发票的,需在发票服务平台完成注销操作,以下就变更开票主体注销和停止收费注销处理流程进行介绍。变更前需填写变更函件,明确变更开票主体的时间点及开票方。

1. 变更开票主体注销流程

变更开票主体是指由于收费路段经营管理单位主体的变更导致的通行费电子发票开具主体的变更,注销流程如图 3-11 所示。

(1)道路业主变更前应至少提前 1 个月以说明函件(图/附件)形式告知发票服务平台主体变更相关事项,包括但不限于变更原因、变更时间以及变更后开票方信息等。

(2)发票服务平台收到说明函件后应在平台相关媒体账号发布变更公告,同步下发解释口径至 95022 和各省客服人员。

(3)道路业主应同步在公司公众号、网站、App、收费站等进行公示,做好用户告知(图 3-12)。

(4)发票服务平台应根据函件内容核实变更后新开票主体是否在平台托管。

(5)如新开票主体未托管,新开票主体需按开票方新增流程进行托管,原开票主体需在新开票主体完成托管后进行变更。如新开票主体已托管,可直接按照函件中明确的变更时间进行变更。

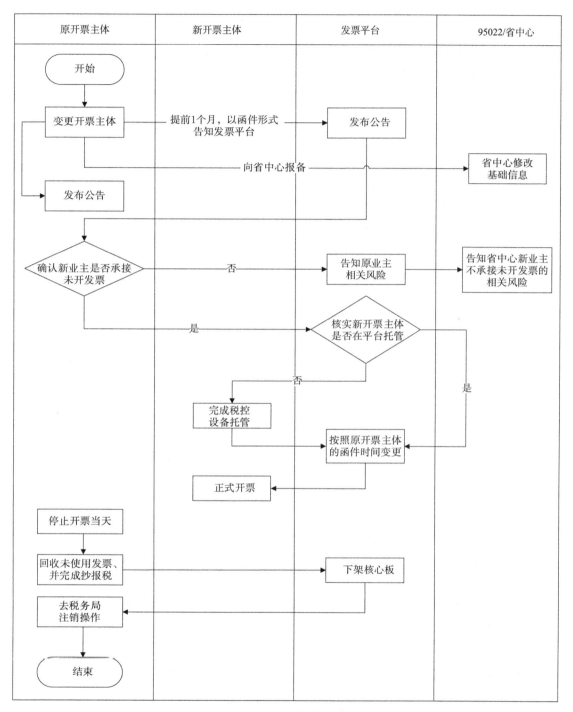

图 3-11 变更开票主体注销流程

（6）发票服务平台在变更前核实新开票主体票量是否充足,保证开票主体变更顺利进行,根据函件中的变更进行开票主体切换操作。

（7）发票服务平台应按照函件中的不再开具发票日期,对原道路业主进行开票限制,保证不再开出发票。

（8）原道路业主停止开票后，发票服务平台应协助原道路业主完成空白发票回收及报税工作，完成开票税控设备的下架回收，并邮寄至道路业主。

（9）道路业主应在收到税控设备后的当月前往主管税务局完成税控设备注销工作，并将注销成功信息同步至发票服务平台。

<h2 style="text-align:center">关于××高速开票主体变更公告</h2>

尊敬的 ETC 用户：

客户途经××路段，现开具通行费电子发票的开票主体发生变更，具体变更事宜如下：

1、××年××月××日前通行××路段未开具通行费电子发票的由××公司开具电子发票。

2、××年××月××日后通行××路段的，由××公司开具电子发票。

3、××年××月××日前已开具通行费电子发票的客户，如涉及通行费电子发票红字冲销业务的，需在××年××月××日前至"票根"进行开票，之后无法红冲。

××年××月××日后，出现任何客户投诉和咨询问题由××公司负责，公司电话为××××。××公司税控设备预计下架时间为××年××月××日。

特此函告。

日期：

图 3-12　变更开票主体对外公告模板

2. 停止收费注销流程

停止收费是指路段收费期届满不再收费，道路业主不再提供通行费电子发票开具服务，注销流程如图 3-13 所示。停止收费前道路业主应提供说明函件，向发票平台明确停止收费及注销时间，向公众用户明确停止发票开具的时间（图 3-14）。

（1）道路业主应至少提前 3 个月以说明函件形式（图/附件）告知发票服务平台注销原因、注销时间等。

（2）发票服务平台收到说明函件后应在平台相关媒体账号发布变更公告，同步下发解释口径至 95022 和各省客服人员。

（3）道路业主需同步在公司公众号、网站、App、收费站等进行公示，做好用户告知。

（4）发票服务平台根据公告函件中的不再开具发票的日期，对道路业主进行开票限制操作，保证不再开出发票。

（5）停止开票后，发票服务平台应协助道路业主完成空白发票回收及报税工作，完成开票税控设备的下架回收，并邮寄至道路业主。

（6）道路业主应在收到税控设备后的当月前往主管税务局完成税控设备注销工作，并将注销成功信息同步至发票服务平台。

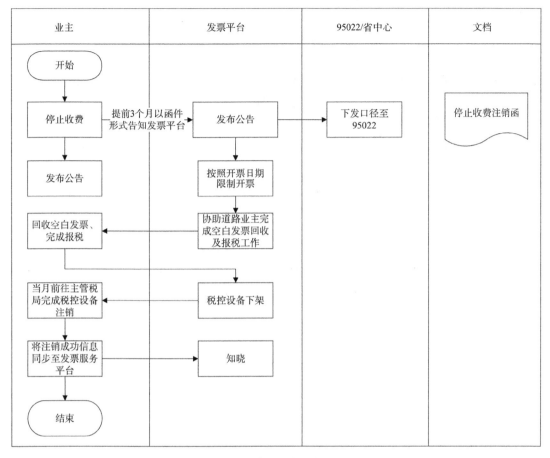

图 3-13 停止收费注销流程

××公司关于提前停止办理××公司电子发票业务的函

我公司名称为××××××,纳税人识别号:××××××。因我司经营的收费公路项目××路段已于××××年××月××日起停止收费,后续各项工作正在逐步进行。结合我司自××××年××月—××××年××月开具发票情况,经研究决定,我司将于××××年××月××日停止在票根平台上提供发票业务,并将公司信息进行注销;

1. 已通行未开具电子发票的客户需在××××年××月××日前到票根平台开具通行费电子发票;
2. 涉及通行费电子发票红字冲销业务,需在××××年××月××日前票根平台进行开票。
3. ××年××月××日后,出现任何客户投诉和咨询问题由××公司负责,公司电话为××××。

××××××××××公司
××××年××月××

图 3-14 停止收费注销下架函件/公告模板

第二节　开票方涉税业务管理

为保障通行费电子发票顺利开具,道路业主在日常运营中需承担一系列通行费电子发票相关管理工作,包括按需完成空白发票的领用以及在税务局规定的纳税期限内完成抄报税,这些工作对于维护发票的正常开具至关重要。抄报税是指开票方将上个月开具的增值税电子发票数据报送至税务局,根据报送的数据完成纳税申报工作,申报完成后返回发票服务平台进行数据反写,当开票截止日期更新为下个月,当月抄报税工作完成。通常情况下,征期日期为每月15日前,如遇法定节假日顺延。

一、抄报税

各道路业主应在每月15日前(遇法定节假日顺延)完成抄报税工作,逾期未完成抄报税,企业将无法开票,直到完成抄报税后可继续开票。抄报税分网上抄报税和报税盘抄报税两种方式,二者选其一即可,包含抄报、申报纳税、监控信息反写三个步骤,如图3-15所示。

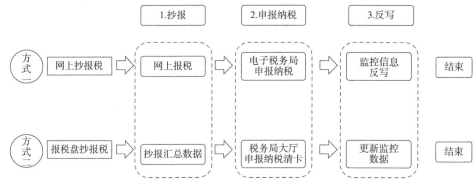

图3-15　抄报税方式及步骤

1. 抄报税注意事项

(1)各开票方应在每月15日前(遇法定节假日顺延)完成抄报税工作,抄报税工作包含抄报、纳税申报、监控信息反写三个步骤。逾期未做抄报税,企业将无法开票,直到完成抄报税后可继续开票。

(2)开票方首先在发票平台完成通行费电子发票的抄报,然后通过其他渠道完成其他电子发票的抄报,最后完成纸质发票抄报。

(3)反写需先对电子发票进行反写,再完成纸质发票反写工作。

(4)使用报税盘抄报税时,抄报和更新监控数据的信息当日有效,必须在同一天完成。

2. 网上抄报税

(1)抄报。开票方财务人员登录https://boms.txffp.com,选择"涉税业务"。操作路径:"发票管理"—"抄报税管理"—"网上抄报税"(图3-16)。

(2)抄报操作完成后,道路业主应在税务机关完成申报纳税及扣款(图3-17)。

第三章　通行费电子发票开具工作流程

图3-16　抄报

图3-17　税务机关参考申报界面

（3）扣款完成后，道路业主应在通行费发票服务平台完成反写工作，对名下所有核心板点击反写操作，通过其他渠道完成其他设备的反写。操作路径："网上报税"—"查看监控信息"—"监控信息反写"（图3-18）。

（4）反写后，税控设备的开票截止日期更新至次月，则说明当月抄报税成功（图3-19）。

3.报税盘抄报税

当地主管税务局有要求或网上抄报税出现异常时，可使用报税盘进行抄报税工作，使用报税盘抄报税时，需打开发票管理助手软件并配置文件。

图 3-18 监控信息反写

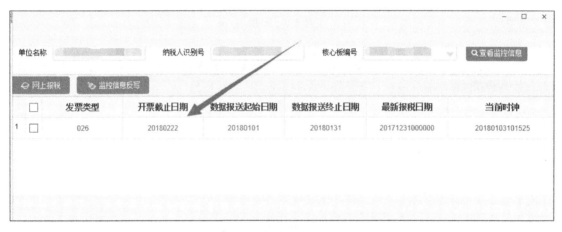

图 3-19 开票截止日期

1)发票管理助手软件准备

(1)通过发票服务平台下载安装配置"发票管理助手",下载后请按照"发票管理助手安装配置流程"的说明完成安装(图 3-20)。

图　3-20

图 3-20 "发票管理助手"软件安装

(2)导入配置文件。选择任意一块核心板导出配置文件,并按照图 3-21 所示路径导入。

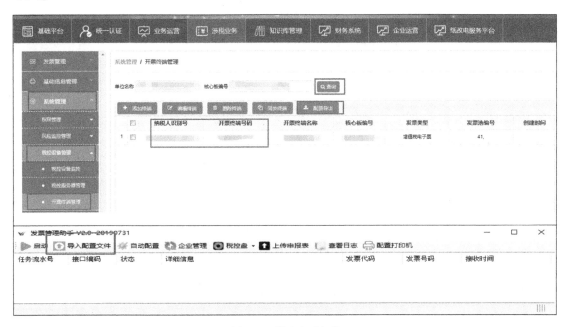

图 3-21 导入配置文件

2)抄报

报税盘抄报应先登录发票服务平台,完成以下操作:

(1)插入主报税盘,打开发票管理助手软件。选择报税盘抄报税,"报税盘口令"默认值为"88888888"(图 3-22)。

(2)选择服务器栏中第一块核心板编号,点击"数据抄报",提示成功后,对其他核心板重复上述操作,保证所有核心板完成该操作(图 3-23)。完成上述操作后,携带主报税盘去主管税务局大厅现场报税。

(3)反写—更新监控数据。主管税务局完成清卡后,开票方回到"报税盘抄报税"界面,选择服务器栏中第一块核心板编号,点击"更新监控数据"(图 3-24),提示成功后,对其他核心板重复上述操作,保证所有核心板完成该操作。

图 3-22　报税盘口令

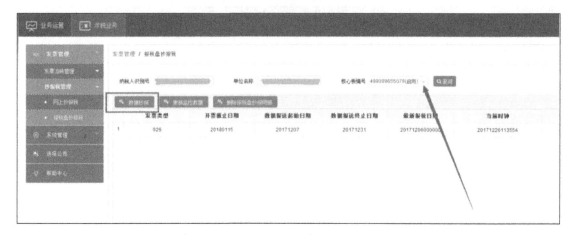

图 3-23　数据抄报

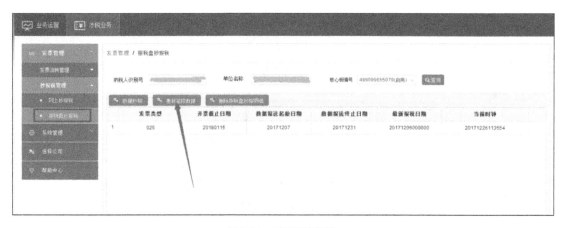

图 3-24　更新监控数据

（4）更新监控数据完成后，核心板的开票截止日期更新至次月，则说明当月抄报税成功。

二、发票领用

发票领用是指道路业主从主管税务局领用空白通行费电子发票号段,并分发至发票服务平台开票终端,以为用户开具发票。道路业主可通过报税盘领购和网上领购两种方式领用空白发票,二者选择其一即可,如图3-25所示。

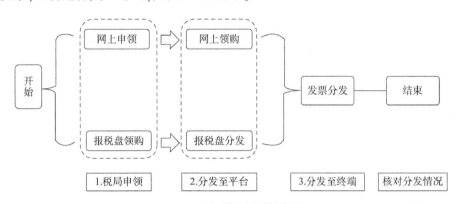

图3-25　发票领用方式及步骤

1. 网上申领

(1)对于支持通过电子税务局领购发票的省份,道路业主可通过电子税务局进行网上申领发票,税务机关参考发票领用界面如图3-26所示。

图3-26　税务机关参考发票领用界面

(2)网上领购。完成申领后,应按照单次不高于65000张发票的数量在发票服务平台完成网上领购,选择需要领购的发票信息,点击领购,系统弹出网上购票页面,录入本次操作需领购发票份数(最大值为65000)。操作路径:"发票管理"—"发票流转管理"—"网上领购"(图3-27)。

图 3-27 网上领购

(3)发票分发。将网上领购的发票分发至每个开票终端,操作路径:"发票管理"—"发票流转管理"—"发票分发"(图3-28)。

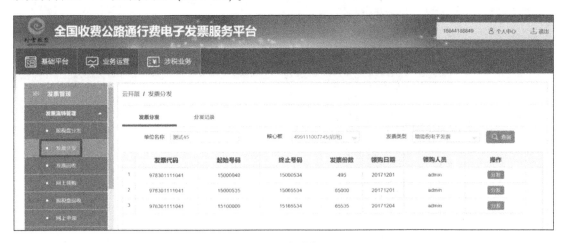

图3-28 发票分发

2.报税盘分发

不支持电子税务局申领发票的,道路业主需携带报税盘,前往税务局领购发票,完成后,在发票服务平台完成报税盘分发和发票分发工作。

1)报税盘分发

(1)分发时,需插入主报税盘,"发票管理助手"全程保持开启状态。输入报税盘的口令(默认口令为:88888888),弹出报税盘分发页面(图3-29)。操作路径:"发票管理"—"发票流转管理"—"报税盘分发"。

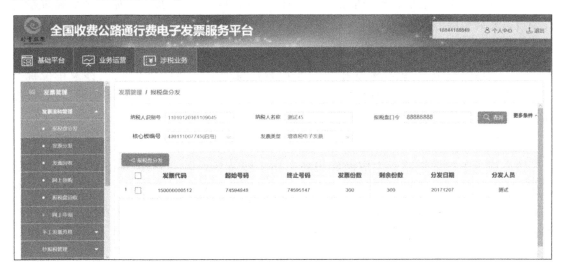

图3-29 报税盘分发界面

(2)选择一条发票号段记录点击"报税盘分发",输入相应的发票份数(单次分发份数不超过65000张),点击"分发"把报税盘里的发票分发到系统里(图3-30)。

图 3-30 报税盘分发操作

2）发票分发

报税盘分发操作完成后，进行发票分发操作，将发票从平台分发至开票终端。

三、核心板上下架

核心板是道路业主托管至平台的税控设备，核心板下架是指开票方因各种原因将税控设备带去税务局做变更处理时，发票服务平台将税控设备从服务器上取出，交由开票方拿到税务局作变更处理的过程。核心板上架是指业主在税务局完成变更后由服务平台将重新将开票设备安装至服务器上。

1. 涉及核心板上下架的情景

涉及新增收费路段、新增核心板、变更核心板信息完成后需重新上架的；涉及单位税务信息变更，如单位名称变更、纳税人识别号变更、主管税务局变更、纳税资格变更、核心板损坏、新增票种，需将核心板带至税务局做变更处理操作的。

2. 上下架准备

核心板上下架前道路业主应做好报备工作。涉及新增收费路段、停止收费销户的应提前一个月向部路网中心进行报备。涉及开票方信息变更、核心板损坏等情况的，道路业主需在下架前至少两周向发票服务平台发函说明情况，提供核心板下架函件以及对外提醒公众用户暂停、停止开票的函告。核心板上下架流程如图 3-31 所示，上下架函件如图 3-32 所示。

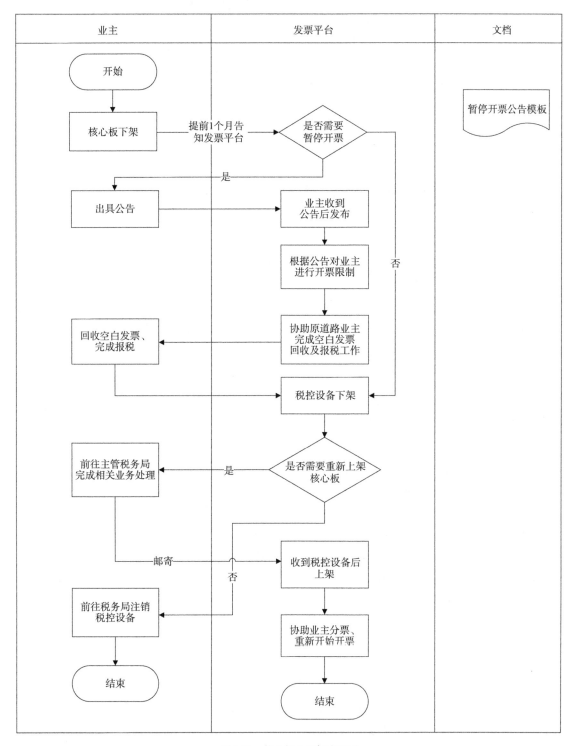

图 3-31 核心板上下架流程图

关于对核心板上、下架的函

行云数聚(北京)科技有限公司：

我公司因××××××××××××××原因，现需将我公司在发票平台上的全部核心板进行重新发行后再上架，将于××月××日开始下架，下架期间将无法提供发票服务。特此申请。

×××××××××××××××
×××年××月××日

图 3-32　核心板上下架函件

第三节　通行费电子发票开具流程

一、开票申请

1. 服务平台账户注册

客户登录服务平台 www.txffp.com 或"票根"App、微信小程序，凭手机号码、手机验证码免费注册，并按要求设置购买方信息。客户如需变更购买方信息，应当于发生充值或通行交易前变更，确保开票信息真实准确。

2. 绑定客户 ETC 卡

客户登录服务平台，填写 ETC 卡办理时的预留信息(开户人名称、证件类型、证件号码、手机号码等)，经校验无误后，完成 ETC 卡绑定。

3. 票据和汇总单开具

(1)客户登录服务平台，选取需要开具票据的充值或通行交易记录，申请生成通行费电子发票、通行费财政电子票据和电子汇总单(充值交易无电子汇总单)。

(2)电子汇总单可按用户需求汇总多笔通行交易信息，包括对应的行程信息、通行费电子发票和通行费财政电子票据信息、交易金额合计等。

(3)电子汇总单与其汇总的通行费电子发票、通行费财政电子票据通过编码相互进行绑定，可通过服务平台查询关联性。

(4)服务平台免费向客户提供通行费电子发票、通行费财政电子票据、电子汇总单查询、预览、下载、转发等服务。

二、发票开具

客户使用 ETC 卡通行收费公路并缴纳通行费的，可以在实际发生通行交易后第 7 个自然日起，登录服务平台，选择相应通行记录取得通行费电子票据和电子汇总单；ETC 预付费客户可以在充值后实时登录服务平台，选择相应充值记录取得不征税发票。客户通过经营性公路的部分，在服务平台取得由经营管理单位开具的征税发票；通过政府还贷公路的部分，在服务平台取得由经营管理单位开具的通行费财政电子票据。

三、发票红冲/换票

(1)对于已经开具的蓝字发票,如客户发现发票异常,可自行通过发票服务平台发起红冲/换票操作。

(2)发票服务平台依据用户的红冲/换票申请,生成红字发票数据,同时将红字发票数据上传至税务局端,税务局端对该红字发票对应的原蓝字发票代码、号码及其他字段进行校验,校验成功后,发票平台开具红字发票,并推送至用户邮箱。

用户开票流程如图 3-33 所示。

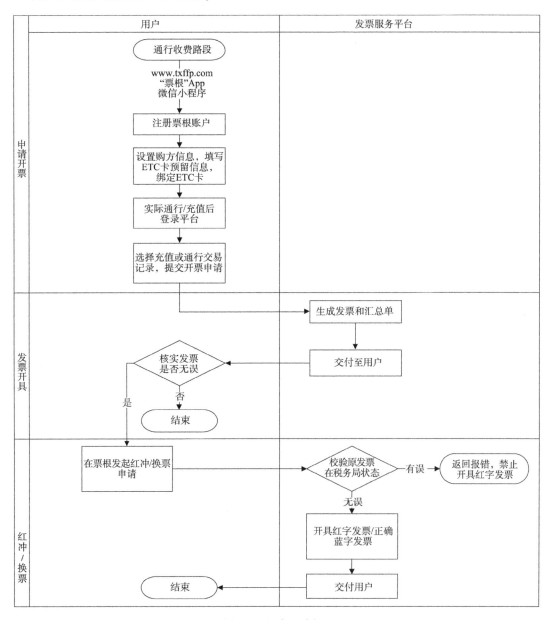

图 3-33 用户开票流程

四、发票下载

发票开具成功后,发票服务平台应当将通行费电子票据、电子汇总单以及对应的通行明细记录通过邮箱交付至客户,用户可通过发票服务平台查询、预览及下载发票。

第四章　通行费电子发票业务管理

为保障通行费电子发票的顺利开具和提升公众用户服务体验，在日常工作中，通行费发票服务平台持续开展平台运营状况监测，确保平台系统稳定运行，满足用户开具发票的需求，及时响应并解决用户发票开具过程中出现的各种问题，保证业务连续性和可靠性，为公众用户提供专业、及时的发票相关咨询，以提升公众用户满意度和信任度。这些业务的开展共同构成了平台日常运营的基础业务，以维护用户的获票权益，从而构建稳定、高效、便捷的发票开具环境。

第一节　发票服务平台日常业务

通行费发票服务平台日常业务主要包括两方面：一是以监测预警为目的的平台基础运营监控，通过运营监控，避免因系统或硬件设备的问题造成用户发票无法开具；二是以服务保障为目的的开票方信息和税控设备的管理，以及对行业及税务政策的宣贯和执行等。

一、抄报税监控

（1）发票服务平台应做好每月道路业主抄报税监控，在每月抄报税截止日期前1~2天内，通过电话做好道路业主抄报税提醒工作，在截止日期前3~5天内，通过微信、QQ等社交平台进行提醒，在截止日期前5天之外的，通过短信等方式进行提醒。

（2）发票服务平台应协助业主处理异常报税等问题，必要时协助道路业主与各地方税务局进行业务沟通，确保道路业主按时完成抄报税工作。

（3）未按时完成抄报税会造成征期结束后道路业主无法开票的情况，发票服务平台应及时向用户做好开票提示及解释工作，协助业主持续做好抄报税异常处理，直至完成抄报税反写。

二、空白发票监控

（1）发票服务平台应每日对道路业主空白发票余量进行监控，及时提醒空白发票余量不足的道路业主及时向税务局申领发票。发票余量不足10天的，通过电话、微信等社交平台及时做好领票提醒工作；发票余量在10天以上的，通过短信等方式进行提醒。

（2）发票服务平台应协助业主处理异常领票、分票等问题，必要时协助道路业主与各地方税务局进行业务沟通，确保道路业主及时完成空白发票分发。

（3）空白发票余量不足会造成道路业主无法开票的情况，发票服务平台应及时向用户做好开票提示及解释工作，协助业主完成发票领用与分发。

三、税控设备监控

税控设备的监控主要指对税控服务器和核心板的监测。

(1)发票服务平台应每日对税控服务器和核心板的软硬件状态进行监控。当出现税控服务器损坏时,发票服务平台应第一时间排查是否影响正常的发票开具,一旦涉及影响发票开具时,应及时采取补救措施,保障发票正常开具,再进行设备的维修、检测等。当出现核心板损坏时,发票服务平台应及时协助业主做好发票上传、坏盘的注销及新盘的更换工作。

(2)核心板离线信息异常主要指核心板离线时长为0的情况,正常情况下离线信息应至少在24h以上,一旦为0则易导致发票无法及时上传至税务机关,用户无法及时获票,影响用户在税务机关进行查验和认证等,发票服务平台应每日检测核心板信息,一旦出现离线信息异常的情况,应及时提醒道路业主前往税局处理。

四、基础信息审核

发票服务平台应及时对接部路网中心、各省发行方以及省中心做好新增路段托管工作,协助部路网中心做好基础信息入库前的审核工作,核实开通路段所属的道路业主信息、路段的性质、是否纳税以及税率是否无误。

五、开票方信息管理

对于道路业主因业务调整等因素变更原有开票方信息的,发票服务平台应协助道路业主做好变更函件填写及发布。发票服务平台应严格按照操作流程及时在平台完成业主信息变更,并做好相关资料的留存,以保障业主开票方信息准确无误。涉及核心板上下架的,发票服务平台应协助业主及时完成核心板上下架工作。

六、核心板上下架管理

为规范管理道路业主开票设备,维护设备安全,发票服务平台应建立严格的核心板上下架管理制度。

(1)核心板下架前,发票服务平台应协助道路业主提前向公众用户发布暂停/停止开票的函告。

(2)下架前,发票服务平台应协助业主完成抄报税工作,并将剩余空白发票回收至报税盘。

(3)核心板下架期间,道路业主无法为用户提供开票服务,发票服务平台应告知用户无法开票的期限或预计恢复时间。

(4)道路业主完成核心板信息变更需再次上架前,发票服务平台应协助道路业主完成上架前的信息检测,确保核心板信息准确无误。

七、政策宣贯

发票服务平台应及时跟进行业及税务政策变更,对涉及通行费发票的相关政策进行深入理解和研究,依据变更政策及时制定平台应对策略。涉及行业及税务政策变更的,应根据政策的重要程度和影响范围,向行业及公众用户进行宣贯,建立有效的意见反馈通道,收集用户的疑问和意见,及时解答和改进。

第二节　发票异常数据问题处理

收费公路通行费增值税电子普通发票开具实现以来,各项工作有序进行,随着业务的深入开展,不可避免会因系统异常、人为原因和不可抗力因素出现各种数据异常情况,造成用户发票开具工作不能正常开展,为保障公众用户正常获取发票,保障全网联网收费工作安全、稳定,当出现发票异常数据时,各省中心、发行方应及时上报部路网中心,同步发票服务平台,按照部路网中心《收费公路联网结算管理中心关于规范收费公路通行费增值税电子普通发票开具异常数据处理流程的函》一文统一协调处理。

一、异常数据类型

通行费发票异常数据主要包括路段税率、道路业主编码信息上传错误、道路业主未托管开票设备、ETC卡号上传错误、交易的开票状态上传错误、ETC卡注销时间上传错误等情况,以下就各类异常数据类型做详细介绍。

1. 路段信息上传错误

路段信息上传错误是指因税率和道路业主编码信息上传错误导致的发票数据错误。

(1)税率错误。主要是省中心在上传路段基础信息时,将路段的税率上传错误,该类错误会导致道路业主开出错误税率的发票,影响道路业主每月的纳税申报问题,存在被税务机关认定为偷税漏税行为的风险,影响道路业主的企业征信。

(2)道路业主编码错误。道路业主编码是由省中心赋予每个道路业主的唯一编码,业主编码对应唯一的开票道路业主,道路业主编码错误容易导致道路业主开出非管辖路段的发票,主要包括将已停止收费业主编码赋予新业主以及将路段配置到非所属业主名下两种情况。

①将已停止收费业主编码赋予新业主。是指已停止收费业主编码再次被启用,且赋予新业主。该种情况会导致出现新业主开出老业主在停止开票前,已上传至部路网中心的发票,因税率不同,会造成新业主开出错误税率发票,影响新业主的申报纳税。

②路段配置到非所属业主名下。该种情况将会导致路段所属业主单位信息错误、道路业主申报纳税收入与已开具的发票数据存在差异等情况。

2. 道路业主未托管开票设备

主要表现为省中心上传的发票数据中包含有未开通联网收费的路段信息,该路段所属道路业主未在平台完成开票税控设备托管,导致客户无法开具通行费电子发票的情况。

3. ETC卡号上传错误

主要表现为高速公路出口对应的省中心在上传发票交易数据时,交易中的ETC卡号与实际用户通行使用的ETC卡号不符,客户在发票服务平台申请开票时,无法通过ETC卡号找到对应的通行交易,无法开具对应的通行费发票。

4.交易的开票状态上传错误

主要表现为用户使用ETC卡通过ETC车道进入高速公路,在出口收费站改为由MTC车道驶出高速公路且使用现金结算,未领取发票。出口收费站服务人员误操作将交易记录打上已开票标识并上传发票数据,导致客户申请开票时,无法找到该通行交易。

5.ETC卡注销时间上传错误

由于ETC卡注销时间早于发票服务平台开通时间,因此无法在发票服务平台操作ETC卡绑定及开票。该类异常问题是指发行方上传的客户ETC卡注销时间早于发票服务平台开通时间,导致客户无法在发票服务平台进行绑定ETC卡,无法开具发票。

二、异常数据处理流程

(1)存在异常数据时,发票服务平台应及时联系省中心,告知错误情况、影响范围及处理数据的要求。

(2)发票服务平台应视具体情况进行发票开具限制操作,并通过95022向公众用户下发统一解释口径,同时将口径同步到相应省中心客服。

(3)省中心收到异常数据反馈后,应认真开展核查,在发现问题的2个自然日(如遇法定节假日顺延)内以正式函件形式报送至部路网中心和发票服务平台。

(4)发票服务平台应根据省中心报送的函件内容,核实并冻结异常数据,同时将异常数据的发票开具情况反馈至省中心。

(5)部路网中心和发票服务平台应确定异常数据处理方案并告知省中心。

(6)部路网中心和发票服务平台对异常数据分别进行处理,处理结果同步至省中心。

(7)省中心接收到处理结果后,应按照要求及时上传正确的发票数据,上传后告知发票服务平台及部路网中心。

(8)如需对已开发票进行红冲处理,省中心应取得客户一致意见,并反馈至发票服务平台,由发票服务平台进行红冲操作。

异常数据处理流程如图4-1所示。

三、异常数据处理要求

(1)省中心发送至部路网中心的函件应详细说明事件情况、问题原因、异常数据量、解决方案及整改计划。

(2)省中心发送至发票服务平台的函件应说明事件情况、问题原因、解决方案、处理诉求、异常数据明细信息、异常数据涉及开票方授权等内容。

(3)省中心如需对已经开具的发票进行红冲,应做好客户解释确认工作,并保留与客户联系的相关记录备查。

(4)省中心如对已经开具的发票不进行红冲,应提前做好由此产生的税务风险防范工作。

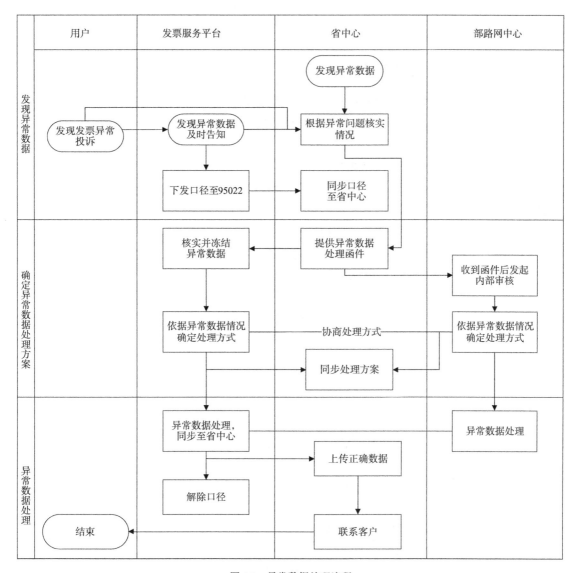

图 4-1 异常数据处理流程

（5）如遇紧急情况无法及时获取开票方授权，省中心可向发票服务平台申请对异常数据暂停开票，发票开具暂停时间不得超过 30 个自然日。

（6）为避免此类问题发生，各参与方应提升客户服务质量，做好数据准确性核验工作，加强数据传输监控，确保发票基础数据的完整、准确。

第三节　发票咨询与投诉处理

全国高速公路实现"一张网"运营后，客户服务成为"一网化运营，一体化服务"的重要组成部分，为更好地支撑公众发票服务需求，按照《收费公路联网收费运营和服务规则》（简称《规划》）规范和指导相关工作，统一全网客户投诉处理和服务标准，发票服务平台依据

《规则》制定通行费电子发票咨询与投诉处理规则与流程,提升公众用户咨询、投诉处理的时效性和质量,提升用户满意度。

一、咨询与投诉处理规则

(1)客户投诉处理坚持"客户优先"的原则,确保任何时候客户正当利益不受损害。

(2)客户投诉处理按照"部统一指导、部路网中心牵头组织、相关省份联动配合"的处理机制,以"发行服务机构"和"被投诉方"为处理主体,相关参与方协助处理。

(3)发票服务平台通过客户联络中心(含呼叫中心和在线客服)受理客户咨询和投诉,各省(区、市)应通过客户联络中心(含呼叫中心和在线客服)、客服网点等渠道受理客户咨询和投诉。

(4)客户联络中心应7×24h受理客户咨询和投诉。

(5)投诉按紧急程度分为一般投诉和紧急投诉。紧急投诉包括二次投诉、短时间内不同客户对于同类事件的集中投诉、被媒体关注的投诉等。

(6)一般投诉自受理产生工单后,涉及单个省份的应在2个自然日内完成处理,涉及多个省份的应在3个自然日内完成处理。紧急投诉处理时限减半。

(7)各参与方应提供并保存完整证据,及时完成客户投诉处理。

二、投诉处理流程

(一) 工单流转

客户投诉处理通常按照受理、处理、回复、结案、回访、判责、归档等程序组织实施。

1.投诉预受理

(1)投诉预受理一般通过电话、在线或现场三种渠道进行。客户可任选一种渠道发起投诉。

(2)客户联络中心接到客户紧急投诉后,应安抚好客户情绪,告知客户投诉解决时效,防止客户情绪过激,并按要求生成投诉工单。

(3)投诉预受理方应当在投诉工单中记录客户投诉信息,主要包括基本信息(姓名、车牌号、ETC卡号、联系方式等)、事件发生时间(尽量准确填写)、事件发生地点、事件描述、主要诉求等;涉及通行费争议或通行异常投诉时,还应当记录通行时间、出入口站、车类型、扣费金额、收到扣款短信时间等。

(4)同一客户投诉多个事件时,应当分别提交对应的投诉预受理工单。

(5)投诉预受理方完成投诉预受理工单后,实时将工单进行提交(图4-2)。对于ETC客户投诉,将工单提交到对应的发行服务机构;对于非ETC收费投诉,将工单提交到高速公路出口省中心。

2.投诉受理

(1)发行服务机构或高速公路出口省中心收到投诉预受理工单后,应当在1个自然日内核查验证相关证据的完整性和真实性,确认是否正式受理投诉,逾期自动形成正式投诉受理工单,且开始计算投诉处理时间。

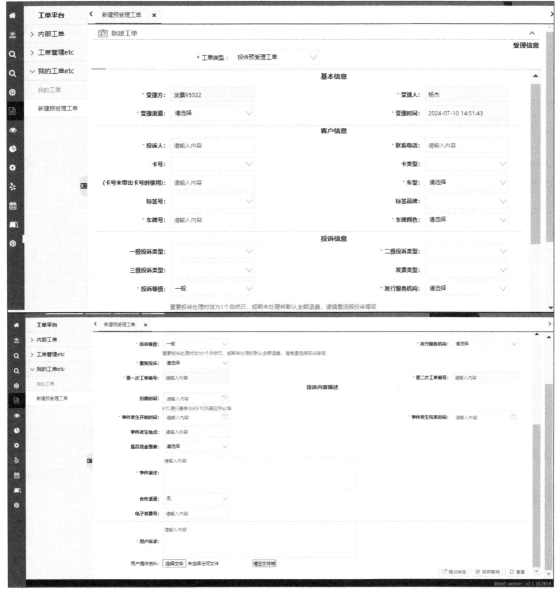

图 4-2　新建投诉工单样式

(2)对于信息资料不全的投诉预受理工单,发行服务机构或高速公路出口省中心应当积极联系客户补充完善。如在 1 个自然日内未能联系客户补充完善的,可作挂起处理,并注明挂起原因;如后续与客户重新取得联系并补充完善的,应当将原工单解挂并进入受理环节。

(3)对于符合要求的投诉预受理工单,发行服务机构或高速公路出口省中心根据客户投诉内容增加投诉对象,形成正式投诉受理工单提交到被投诉方,并且开始计算投诉处理时间。

(4)客户联络中心收到投诉工单后,应当积极主动展开投诉核查取证,主动配合其他参与方协同处理,及时将相关证据、处理依据、问题原因、处理结果等提交客户服务支撑系统,确保各参与方实时获取处理进展。

(5)客户提交的证据与客户投诉事实不一致时,发票服务平台应当协调受理方尽快联系客户核实有关情况,未经核实处理不得提交处理结果,给各参与方提交工单。

(6)客户联络中心根据客户提交的证据,联系客户核实有关情况,并核实处理问题、解决处理、并回复,并在处理限时内提交相应处理结果,确保各参与方实时获取结果。

3. 投诉处理

(1)投诉处理包括投诉核查、交互处理和出具处理意见。

(2)投诉处理应当以发行服务机构和被投诉方作为主体,其他参与方积极配合处理。

(3)被投诉方收到投诉工单后,应当积极主动展开投诉核查取证,主动配合其他参与方协同处理,及时将相关证据、处理依据、问题原因、处理结果等提交客户服务支撑系统,确保各参与方实时获取处理进展。

4. 投诉回复和结案

(1)发行服务机构收到投诉处理意见后,应当在处理时限内向客户回复处理结果。

(2)客户认可投诉处理结果时,发行服务机构应当在客户服务支撑系统中及时结案;客户不认可投诉处理结果或投诉沟通协调处理超时,部路网中心及时介入,在4h内作出裁决。客户不认可部路网中心裁决时,可发起仲裁或通过法律手段解决。

5. 投诉回访

(1)省中心或发行服务机构应当对本地发起的已结案投诉,进行全量回访。

(2)一般投诉,应当在结案后3个自然日内进行客户回访,可采用电话、短信或邮件等方式进行;如客户对短信、邮件等非电话方式回访不满意,应当采用电话方式进行二次回访。

(3)重要投诉,应当采用电话回访方式,在结案后1个自然日内完成。

(4)客户回访时,回访人员应当明确告知投诉处理结果,主动询问对投诉处理的满意度,详细记录回访时间、回访对象、回访事项、回访结果和满意度等。

(5)客户反馈所投诉问题未得到及时有效解决,回访人员应当记录客户反馈问题和主要诉求,并在原工单上增加客户诉求及回访记录,作为重要投诉加快处理。

(二)投诉工单类型及处理流程

通行费发票投诉类型主要包括绑卡异常、发票开具、发票服务平台异常投诉。

1. 绑卡异常投诉

1)投诉预受理流程

(1)投诉预受理人员应当提请客户提供注册手机号码、车牌号及车牌颜色进行查询。

(2)如客户绑卡时填写的信息与发行服务机构预留信息(手机号、证件信息等)不一致时,应当引导客户联系发行服务机构核实信息。

(3)当客户信息已上传时,应当指导客户完成绑卡;当客户信息未上传时,应当按工单模板规范填写,转至相关发行服务机构。

2)投诉受理流程

(1)发行服务机构接到客户投诉预受理工单后,应当在1个自然日内核查验证相关证据的完整性和真实性。

(2)发行服务机构将符合要求的工单完成正式受理并进行处理。

3)投诉处理流程

如客户信息未上传,发行服务机构应当立即将客户信息上传,将投诉处理结果更新到投诉工单中;如客户信息已上传,发行服务机构应当在投诉工单处理结果中写明上传时间。

4)投诉回复、结案

(1)如确认绑卡异常,发行服务机构回复客户时,应当明确告知客户产生绑卡异常原因,指导客户重新完成绑卡。

(2)发行服务机构回复客户得到认可后,可完整填写投诉工单并及时结案。如客户不认可投诉处理结果,发行服务机构应当在客户服务支撑系统中准确记录原因及诉求,提交部路网中心裁决。

2. 发票开具投诉

主要是指因各种原因导致的用户无法开票而产生的咨询与投诉。

1)投诉预受理流程

(1)如储值卡客户需要开具充值发票,投诉预受理人员应当提请客户提供注册手机号码、车牌号及车牌颜色、充值时间和充值金额进行查询。投诉预受理人员核查客户需要开具发票的充值记录是否上传,如充值记录未上传且未超过24h,应当建议客户24h后再重新尝试开具;如充值记录超过24h仍未上传,应当按工单模板规范填写,转至相关发行服务机构。

(2)如客户需要开具消费发票,投诉预受理人员应当提请客户提供注册手机号码、车牌号及车牌颜色、通行记录等查询。投诉预受理人员核查客户需要开具发票的通行记录是否上传,如通行记录未上传且未超过7个自然日,应当建议客户7个自然日后再重新尝试开具发票;如通行记录超过7个自然日仍未上传,应当按工单模板规范填写,转至相关发行服务机构。

2)投诉受理流程

(1)发行服务机构接到客户投诉预受理工单后,应当在1个自然日内核查验证相关证据的完整性和真实性。

(2)发行服务机构将符合要求的工单完成正式受理并转至被投诉方。

3)投诉处理流程

发行服务机构根据客户提供的信息,核实客户充值记录是否上传,如未上传应当立即完成上传,将投诉处理结果更新到投诉工单中。如充值记录已上传,发行服务机构应当在投诉工单处理结果中写明上传时间。通行省中心应当在接到投诉工单后2h内响应,核实客户通行记录是否上传,如未上传应当立即完成上传,将投诉处理结果更新到投诉工单中。如通行记录已上传,发行服务机构应当在投诉工单处理结果中写明上传时间。

4)投诉回复、结案

(1)如确认充值记录或通行记录未上传,发行服务机构回复客户时,应指导客户重新完成充值发票或消费发票开具。

(2)发行服务机构回复客户得到认可后,可完整填写投诉工单并及时结案。如客户不认可投诉处理结果,发行服务机构应当在客户服务支撑系统中准确记录原因及诉求,提交部路网中心裁决。

3.发票服务平台异常投诉

发票服务平台异常主要是平台的使用问题,是指由于发票服务平台无法正常使用而产生的咨询。该类咨询由平台方负责处理,涉及客户数据问题由发行方处理。

1)投诉预受理流程

(1)投诉预受理人员应当根据客户提供的注册手机号码进行查询。

(2)平台使用问题,应当按照工单模板规范填写,转至发行服务机构。

2)投诉受理流程

(1)发行服务机构接到客户投诉预受理工单后,应当在1个自然日内核查验证相关证据的完整性和真实性。

(2)发行服务机构将符合要求的工单完成正式受理并转至被投诉方(发票服务平台)。

3)投诉处理流程

发票服务平台应当在接到投诉工单后,核查平台是否存在故障,并将核查结果更新到投诉工单中,联系客户解决客户问题。

第五章　通行费电子发票开具工作展望

通行费电子发票开具作为联网收费公路运营与服务的重要一环,对于构建智慧交通发挥了重要功能,作为可抵扣发票,发挥了重要的降本增效作用,但仍有两大问题尚未解决:一是一次行程多张发票问题,用户通行后一次行程可能开具多张发票,不便于用户发票管理;二是人工收费车道的发票开具仍处于分散管理,且不具备抵扣功能,限制了其在降本增效方面的潜在作用。随着联网收费系统的不断优化和税务制度改革的深入实践,通行费电子发票开具工作也将持续优化与革新,致力为用户带来更加便捷、智能化的服务体验,致力于释放更大的税务效益,在降本增效方面为物流行业乃至更广泛的经济领域注入动力。

一、夯实基础运营保障

目前通行费发票开具工作运行稳定有序,但与行业及用户对平台稳定运行的要求还有一定差距。未来,在稳固既有成果的基础上,通行费发票服务平台将持续提升基础运营保障能力,不断强化开票硬件设备监控与运维保障能力,强化开票系统风险预警能力,提前识别并预警潜在故障,做好基础运营保障服务。

二、提升客户服务体验

目前整体看,发票用户服务工作满意度较好,但与用户对发票开具高效、便捷性的要求仍有差距。未来将持续优化用户系统,使发票开具更加直观快捷,全面提升用户满意度。缩小现实与用户高期待之间的差距,提升系统使用效率和行业用户系统使用体验感;提升智能化服务能力,以自动化和智能化的方式提高服务效率,为用户带来更便捷、个性化的服务体验;积极做好客户发票问题的咨询和投诉处理,提高响应能力,强化全面质量管理,确保每一位用户的问题都能得到及时、准确的解答,提高用户服务满意度。

三、技术创新与服务拓展

基于现有的联网收费系统,在当前区块链、人工智能等技术应用背景下,增强发票数据安全性与电子化水平,持续探索新技术应用,开发更多增值服务,才能满足用户的深层次需求。探索引入人工智能、智能机器人等先进技术为用户提供更加个性化、智能化的服务解决方案,进一步提升服务质量和效率,引领行业服务标准升级。

四、紧跟税务新政推进业务升级

为落实中共中央办公厅、国务院办公厅印发的《关于进一步深化税收征管改革的意见》

要求,税务部门正加大推广使用全面数字化的电子发票力度,通行费电子发票的数字化转型亦在其列,发票服务平台将紧密跟随国家税务政策的最新导向,全力配合推进通行费数电票的实施,及时调整通行费电子发票服务平台的业务流程与功能,确保服务内容与税务法规无缝对接。确保用户在享受便捷开票服务的同时,完全符合国家税收法规要求。主动向用户传达税务政策变动信息,增强用户对税务合规性的理解与配合度,共同营造健康、透明的税务环境,推动行业健康发展。

附　　录

附录一

《交通运输部　财政部　国家税务总局　国家档案局关于收费公路通行费电子票据开具汇总等有关事项的公告》

(交通运输部公告2020年第24号)

为进一步规范收费公路通行费电子票据开具,便利ETC客户和受票单位电子票据财务处理,推进物流业降本增效,现将收费公路通行费电子票据开具汇总等有关事项公告如下:

一、通行费电子票据开具对象

通行费电子票据的开具对象为办理ETC卡的客户。ETC卡的具体办理流程和相关要求,请咨询各省(区、市)ETC客户服务机构。未办理ETC卡的客户,仍按原有方式在收费站现场交纳车辆通行费和获取票据。

二、通行费电子票据分类

(一)收费公路通行费增值税电子普通发票(以下简称通行费电子发票)。通行费电子发票包括左上角标识"通行费"字样且税率栏次显示适用税率或征收率的通行费电子发票(以下简称征税发票)以及左上角无"通行费"字样,且税率栏次显示"不征税"的通行费电子发票(以下简称不征税发票)。客户通行经营性收费公路,由经营管理者开具征税发票,可按规定用于增值税进项抵扣;客户采取充值方式预存通行费,可由ETC客户服务机构开具不征税发票,不可用于增值税进项抵扣。

(二)收费公路通行费财政票据(电子)(以下简称通行费财政电子票据)。客户通行政府还贷公路,由经营管理者开具财政部门统一监制的通行费财政电子票据。通行费财政电子票据先行选择部分地区进行试点。试点期间,非试点地区暂时开具不征税发票。试点完成后,在全国范围内全面实行通行费财政电子票据。

通行费电子发票、通行费财政电子票据统称为通行费电子票据。针对收费公路分段建设、经营管理者多元等特性,为便利通行费电子票据财务处理,根据客户需求,通行费电子票据服务平台(以下简称服务平台)可按一次或多次行程为单位,在汇总通行费电子发票和通行费财政电子票据信息基础上,统一生成收费公路通行费电子票据汇总单(以下简称电子汇总单),作为已开具通行费电子票据的汇总信息证明材料。电子汇总单的汇总信息发生变更的,应重新开具电子汇总单,原电子汇总单自动作废失效,电子汇总单可通过服务平台查询。

三、通行费电子票据编码规则

（一）通行费电子发票编码规则。

通行费电子发票的发票代码为12位，编码规则：第1位为0，第2~5位代表省、自治区、直辖市和计划单列市，第6~7位代表年度，第8~10位代表批次，第11~12位为12。发票号码为8位，按年度、分批次编制。通行费电子发票票样见附录一附件1。

（二）通行费财政电子票据编码规则。

通行费财政电子票据的票据代码为8位，编码规则：第1~2位代表通行费财政电子票据监管机构行政区划编码，第3~4位代表通行费财政电子票据分类编码，第5~6位代表通行费财政电子票据种类编码，第7~8位代表通行费财政电子票据年度编码。票据号码为10位，采用顺序号，用于反映通行费财政电子票据赋码顺序。通行费财政电子票据票样见附录一附件2。

（三）电子汇总单编码规则。

电子汇总单的单号为16位，编码规则：第1~2位为ETC用户所属发行机构的省份编码，第3~6代表年度，第7~8位代表月份，第9~16位采用顺序号。电子汇总单式样见附录一附件3。

四、通行费电子票据开具流程

（一）服务平台账户注册。客户登录服务平台网站www.txffp.com或"票根"App，凭手机号码、手机验证码免费注册，并按要求设置购买方信息。客户如需变更购买方信息，应当于发生充值或通行交易前变更，确保开票信息真实准确。

（二）绑定客户ETC卡。客户登录服务平台，填写ETC卡办理时的预留信息（开户人名称、证件类型、证件号码、手机号码等），经校验无误后，完成ETC卡绑定。

（三）票据和汇总单开具。客户登录服务平台，选取需要开具票据的充值或通行交易记录，申请生成通行费电子发票、通行费财政电子票据和电子汇总单（充值交易无电子汇总单）。其中，电子汇总单可按用户需求汇总多笔通行交易信息，包括对应的行程信息、通行费电子发票和通行费财政电子票据信息、交易金额合计等。电子汇总单与其汇总的通行费电子发票、通行费财政电子票据通过编码相互进行绑定，可通过服务平台查询关联性。服务平台免费向客户提供通行费电子发票、通行费财政电子票据、电子汇总单查询、预览、下载、转发等服务。

五、通行费电子票据开具规定

（一）ETC后付费客户索取通行费电子票据的，通过经营性公路的部分，在服务平台取得由经营管理者开具的征税发票；通过政府还贷公路的部分，在服务平台取得由经营管理者开具的通行费财政电子票据。

（二）ETC预付费客户可以自行选择在充值后索取不征税发票或待实际发生通行交易后索取通行费电子票据。

客户在充值后索取不征税发票的，在服务平台取得由ETC客户服务机构全额开具的不征税发票;实际发生通行交易后,ETC客户服务机构和收费公路经营管理者均不再向其开具通行费电子票据。

客户在充值后未索取不征税发票,在实际发生通行交易后索取电子票据的,参照本条第(一)项ETC后付费客户执行。

(三)客户使用ETC卡通行收费公路并交纳通行费的,可以在实际发生通行交易后第7个自然日起,登录服务平台,选择相应通行记录取得通行费电子票据和电子汇总单;ETC预付费客户可以在充值后实时登录服务平台,选择相应充值记录取得不征税发票。

(四)服务平台应当将通行费电子票据、电子汇总单以及对应的通行明细记录归档备查。

六、通行费电子票据其他规定

(一)通行费电子票据作为电子会计凭证具有与纸质会计凭证同等法律效力,是单位财务收支和会计核算的原始凭证,在满足相关条件基础上,单位可以仅使用通行费电子票据进行报销入账归档,不再打印纸质件。具体报销入账和归档管理按照《财政部 国家档案局关于规范电子会计凭证报销入账归档的通知》(财会〔2020〕6号)执行。

(二)收费公路通行费增值税进项抵扣事项按照现行增值税政策有关规定执行。增值税一般纳税人申报抵扣的通行费电子发票进项税额,在纳税申报时应当填写在《增值税纳税申报表附列资料(二)》(本期进项税额明细)中"认证相符的增值税专用发票"相关栏次中。

(三)纳税人取得通行费电子发票后,应当登录增值税发票综合服务平台确认发票用途。税务总局通过增值税发票综合服务平台为纳税人提供通行费电子发票批量选择确认服务。

(四)单位和个人可以登录全国增值税发票查验平台(https://inv-veri.chinatax.gov.cn),对通行费电子发票信息进行查验。单位和个人可以登录全国财政电子票据查验平台(http://pjcy.mof.gov.cn),对通行费财政电子票据信息进行查验。

七、业务咨询

使用ETC卡交纳的通行费,以及ETC卡充值费开具通行费电子票据,不再开具纸质票据。客户可以拨打热线电话进行业务咨询与投诉。通行费电子发票的开票问题可拨打发票服务平台热线95022;各省(区、市)ETC客户服务机构热线电话可以登录发票服务平台查询;通行费电子发票的查验和抵扣等税务问题可拨打纳税服务热线12366。

本公告自2020年5月6日起施行。《交通运输部 国家税务总局关于收费公路通行费增值税电子普通发票开具等有关事项的公告》(交通运输部公告2020年第17号)同时废止。

附件:1.收费公路通行费增值税电子普通发票票样
  2.收费公路通行费财政票据(电子)票样
  3.收费公路通行费电子票据汇总单示例

交通运输部 财政部 国家税务总局
国家档案局
2020年4月27日

附件 1

收费公路通行费增值税电子普通发票票样

××增值税电子普通发票

发票代码：
发票号码：
开票日期：
校验码：

机器编号：

购买方	名　　称： 纳税人识别号： 地　址、电　话： 开户行及账号：		密码区	

项目名称	车牌号	类型	通行日期起	通行日期止	金　额	税率	税　额
合　　计							

价税合计（大写）	（小写）

销售方	名　　称： 纳税人识别号： 地　址、电　话： 开户行及账号：	备注	

收款人：　　　　　　复核：　　　　　　开票人：　　　　　　销售方：（章）

附件2

收费公路通行费财政票据(电子)票样

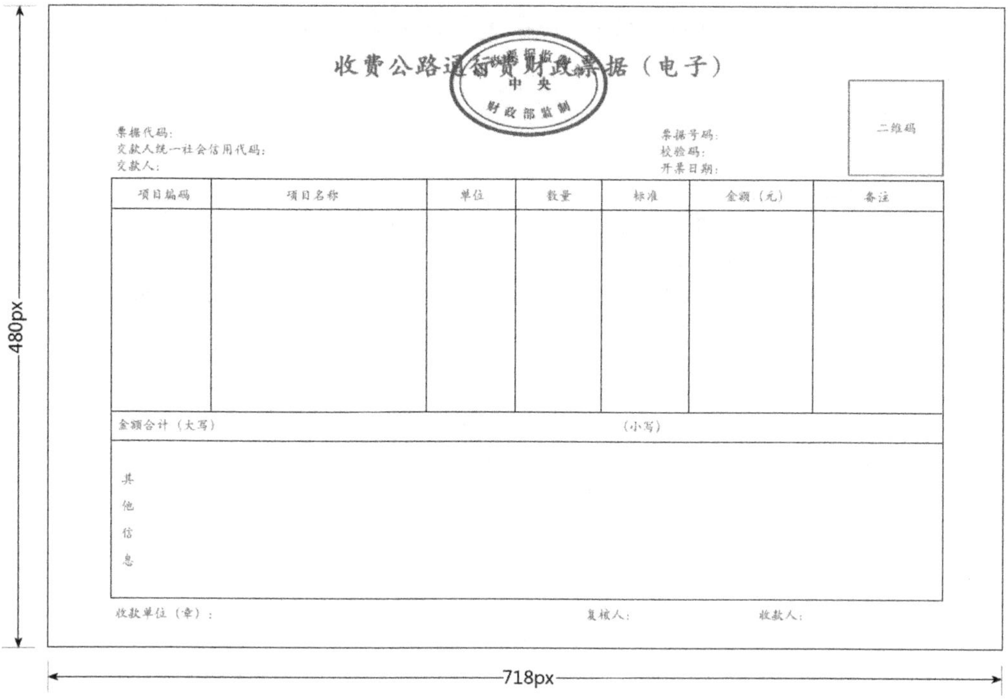

收费公路通行费财政票据（电子）

（财政部监制 中央 票据监制章）

票据代码：　　　　　　　　　　　　　票据号码：
交款人统一社会信用代码：　　　　　　　校验码：
交款人：　　　　　　　　　　　　　　　开票日期：

二维码

项目编码	项目名称	单位	数量	标准	金额（元）	备注

金额合计（大写）　　　　　　　　　　（小写）

其他信息

收款单位（章）：　　　　　　　　　复核人：　　　　收款人：

480px × 718px

附件3

收费公路通行费电子票据汇总单示例

收费公路通行费电子票据汇总单

（按行程索引）

汇总单号：1120200500000001　　　　　　　　　开票申请日期：2020年5月1日

车牌号码	京A12345	交易金额	￥395.50	购买方名称	××公司
行程数量	3	票据数量	7	纳税人识别号	91110000123456789X

行程信息					票据信息				
行程序号	通行日期起止	出入口信息	交易金额	拆分金额	票据序号	票据代码	票据号码	金额（含税）	税率	税额
1	20200501 20200501	京·北京杜家坎 至 冀·河北保定	80.00	38.00	1	011001900112	00771011	76.00	3%	2.22
				42.00	2	13021020	0000212341	42.00	-	-
2	20200504 20200505	赣·昌金路赣湘界金鱼石站 至 赣·瑞寻路筠门岭站	235.50	168.50	3	037001900112	00765342	168.50	不征税	***
				16.00	4	036001900112	03653743	16.00	3%	0.47
				16.00	5	036001900112	01842935	16.00	3%	0.47
				35.00	6	036001700112	08258548	35.00	5%	1.67
3	20200509 20200509	京·北京杜家坎 至 冀·河北保定	80.00	38.00	同1号票据	011001900112	00771011	-	-	-
				42.00	7	13021020	0000212347	42.00	-	-
共3段行程			￥395.50		共7张票据			￥395.50		￥4.83

金额合计（大写）⊙叁佰玖拾伍元伍角　　　　　　　　　（小写）￥395.50

备注：

通行费电子票据服务平台网站（https://www.txffp.com）或票根APP
查验通行费财政电子票据信息请登录全国财政电子票据查验平台（http://pjcy.mof.gov.cn）
查验通行费电子发票信息请登录全国增值税发票查验平台（https://inv-veri.chinatax.gov.cn）

附录二

《财政部 国家税务总局关于全面推开营业税改征增值税试点的通知》

(财税〔2016〕36号)

各省、自治区、直辖市、计划单列市财政厅(局)、国家税务局、地方税务局,新疆生产建设兵团财务局:

经国务院批准,自2016年5月1日起,在全国范围内全面推开营业税改征增值税(以下称营改增)试点,建筑业、房地产业、金融业、生活服务业等全部营业税纳税人,纳入试点范围,由缴纳营业税改为缴纳增值税。现将《营业税改征增值税试点实施办法》《营业税改征增值税试点有关事项的规定》《营业税改征增值税试点过渡政策的规定》和《跨境应税行为适用增值税零税率和免税政策的规定》印发你们,请遵照执行。

本通知附件规定的内容,除另有规定执行时间外,自2016年5月1日起执行。《财政部 国家税务总局关于将铁路运输和邮政业纳入营业税改征增值税试点的通知》(财税〔2013〕106号)、《财政部 国家税务总局关于铁路运输和邮政业营业税改征增值税试点有关政策的补充通知》(财税〔2013〕121号)、《财政部 国家税务总局关于将电信业纳入营业税改征增值税试点的通知》(财税〔2014〕43号)、《财政部 国家税务总局关于国际水路运输增值税零税率政策的补充通知》(财税〔2014〕50号)和《财政部 国家税务总局关于影视等出口服务适用增值税零税率政策的通知》(财税〔2015〕118号),除另有规定的条款外,相应废止。

各地要高度重视营改增试点工作,切实加强试点工作的组织领导,周密安排,明确责任,采取各种有效措施,做好试点前的各项准备以及试点过程中的监测分析和宣传解释等工作,确保改革的平稳、有序、顺利进行。遇到问题请及时向财政部和国家税务总局反映。

财政部 国家税务总局
2016年3月23日

附录三

《中华人民共和国发票管理办法》

（国务院令第764号）

（1993年12月12日国务院批准　1993年12月23日财政部令第6号发布　根据2010年12月20日《国务院关于修改〈中华人民共和国发票管理办法〉的决定》第一次修订　根据2019年3月2日《国务院关于修改部分行政法规的决定》第二次修订　根据2023年7月20日《国务院关于修改和废止部分行政法规的决定》第三次修订）

第一章　总　　则

第一条　为了加强发票管理和财务监督，保障国家税收收入，维护经济秩序，根据《中华人民共和国税收征收管理法》，制定本办法。

第二条　在中华人民共和国境内印制、领用、开具、取得、保管、缴销发票的单位和个人（以下称印制、使用发票的单位和个人），必须遵守本办法。

第三条　本办法所称发票，是指在购销商品、提供或者接受服务以及从事其他经营活动中，开具、收取的收付款凭证。

发票包括纸质发票和电子发票。电子发票与纸质发票具有同等法律效力。国家积极推广使用电子发票。

第四条　发票管理工作应当坚持和加强党的领导，为经济社会发展服务。

国务院税务主管部门统一负责全国的发票管理工作。省、自治区、直辖市税务机关依据职责做好本行政区域内的发票管理工作。

财政、审计、市场监督管理、公安等有关部门在各自的职责范围内，配合税务机关做好发票管理工作。

第五条　发票的种类、联次、内容、编码规则、数据标准、使用范围等具体管理办法由国务院税务主管部门规定。

第六条　对违反发票管理法规的行为，任何单位和个人可以举报。税务机关应当为检举人保密，并酌情给予奖励。

第二章　发票的印制

第七条　增值税专用发票由国务院税务主管部门确定的企业印制；其他发票，按照国务院税务主管部门的规定，由省、自治区、直辖市税务机关确定的企业印制。禁止私自印制、伪造、变造发票。

第八条　印制发票的企业应当具备下列条件：

（一）取得印刷经营许可证和营业执照；

（二）设备、技术水平能够满足印制发票的需要；

（三）有健全的财务制度和严格的质量监督、安全管理、保密制度。

税务机关应当按照政府采购有关规定确定印制发票的企业。

第九条 印制发票应当使用国务院税务主管部门确定的全国统一的发票防伪专用品。禁止非法制造发票防伪专用品。

第十条 发票应当套印全国统一发票监制章。全国统一发票监制章的式样和发票版面印刷的要求,由国务院税务主管部门规定。发票监制章由省、自治区、直辖市税务机关制作。禁止伪造发票监制章。

发票实行不定期换版制度。

第十一条 印制发票的企业按照税务机关的统一规定,建立发票印制管理制度和保管措施。

发票监制章和发票防伪专用品的使用和管理实行专人负责制度。

第十二条 印制发票的企业必须按照税务机关确定的式样和数量印制发票。

第十三条 发票应当使用中文印制。民族自治地方的发票,可以加印当地一种通用的民族文字。有实际需要的,也可以同时使用中外两种文字印制。

第十四条 各省、自治区、直辖市内的单位和个人使用的发票,除增值税专用发票外,应当在本省、自治区、直辖市内印制;确有必要到外省、自治区、直辖市印制的,应当由省、自治区、直辖市税务机关商印制地省、自治区、直辖市税务机关同意后确定印制发票的企业。

禁止在境外印制发票。

第三章 发票的领用

第十五条 需要领用发票的单位和个人,应当持设立登记证件或者税务登记证件,以及经办人身份证明,向主管税务机关办理发票领用手续。领用纸质发票的,还应当提供按照国务院税务主管部门规定式样制作的发票专用章的印模。主管税务机关根据领用单位和个人的经营范围、规模和风险等级,在 5 个工作日内确认领用发票的种类、数量以及领用方式。

单位和个人领用发票时,应当按照税务机关的规定报告发票使用情况,税务机关应当按照规定进行查验。

第十六条 需要临时使用发票的单位和个人,可以凭购销商品、提供或者接受服务以及从事其他经营活动的书面证明、经办人身份证明,直接向经营地税务机关申请代开发票。依照税收法律、行政法规规定应当缴纳税款的,税务机关应当先征收税款,再开具发票。税务机关根据发票管理的需要,可以按照国务院税务主管部门的规定委托其他单位代开发票。

禁止非法代开发票。

第十七条 临时到本省、自治区、直辖市以外从事经营活动的单位或者个人,应当凭所在地税务机关的证明,向经营地税务机关领用经营地的发票。

临时在本省、自治区、直辖市以内跨市、县从事经营活动领用发票的办法,由省、自治区、直辖市税务机关规定。

第四章 发票的开具和保管

第十八条 销售商品、提供服务以及从事其他经营活动的单位和个人,对外发生经营业务收取款项,收款方应当向付款方开具发票;特殊情况下,由付款方向收款方开具发票。

第十九条 所有单位和从事生产、经营活动的个人在购买商品、接受服务以及从事其他经营活动支付款项,应当向收款方取得发票。取得发票时,不得要求变更品名和金额。

第二十条 不符合规定的发票,不得作为财务报销凭证,任何单位和个人有权拒收。

第二十一条 开具发票应当按照规定的时限、顺序、栏目,全部联次一次性如实开具,开具纸质发票应当加盖发票专用章。

任何单位和个人不得有下列虚开发票行为:

(一)为他人、为自己开具与实际经营业务情况不符的发票;

(二)让他人为自己开具与实际经营业务情况不符的发票;

(三)介绍他人开具与实际经营业务情况不符的发票。

第二十二条 安装税控装置的单位和个人,应当按照规定使用税控装置开具发票,并按期向主管税务机关报送开具发票的数据。

使用非税控电子器具开具发票的,应当将非税控电子器具使用的软件程序说明资料报主管税务机关备案,并按照规定保存、报送开具发票的数据。

单位和个人开发电子发票信息系统自用或者为他人提供电子发票服务的,应当遵守国务院税务主管部门的规定。

第二十三条 任何单位和个人应当按照发票管理规定使用发票,不得有下列行为:

(一)转借、转让、介绍他人转让发票、发票监制章和发票防伪专用品;

(二)知道或者应当知道是私自印制、伪造、变造、非法取得或者废止的发票而受让、开具、存放、携带、邮寄、运输;

(三)拆本使用发票;

(四)扩大发票使用范围;

(五)以其他凭证代替发票使用;

(六)窃取、截留、篡改、出售、泄露发票数据。

税务机关应当提供查询发票真伪的便捷渠道。

第二十四条 除国务院税务主管部门规定的特殊情形外,纸质发票限于领用单位和个人在本省、自治区、直辖市内开具。

省、自治区、直辖市税务机关可以规定跨市、县开具纸质发票的办法。

第二十五条 除国务院税务主管部门规定的特殊情形外,任何单位和个人不得跨规定的使用区域携带、邮寄、运输空白发票。

禁止携带、邮寄或者运输空白发票出入境。

第二十六条 开具发票的单位和个人应当建立发票使用登记制度,配合税务机关进行身份验证,并定期向主管税务机关报告发票使用情况。

第二十七条 开具发票的单位和个人应当在办理变更或者注销税务登记的同时,办理发票的变更、缴销手续。

第二十八条 开具发票的单位和个人应当按照国家有关规定存放和保管发票,不得擅自损毁。已经开具的发票存根联,应当保存5年。

第五章　发票的检查

第二十九条　税务机关在发票管理中有权进行下列检查：

（一）检查印制、领用、开具、取得、保管和缴销发票的情况；

（二）调出发票查验；

（三）查阅、复制与发票有关的凭证、资料；

（四）向当事各方询问与发票有关的问题和情况；

（五）在查处发票案件时，对与案件有关的情况和资料，可以记录、录音、录像、照像和复制。

第三十条　印制、使用发票的单位和个人，必须接受税务机关依法检查，如实反映情况，提供有关资料，不得拒绝、隐瞒。

税务人员进行检查时，应当出示税务检查证。

第三十一条　税务机关需要将已开具的发票调出查验时，应当向被查验的单位和个人开具发票换票证。发票换票证与所调出查验的发票有同等的效力。被调出查验发票的单位和个人不得拒绝接受。

税务机关需要将空白发票调出查验时，应当开具收据；经查无问题的，应当及时返还。

第三十二条　单位和个人从中国境外取得的与纳税有关的发票或者凭证，税务机关在纳税审查时有疑义的，可以要求其提供境外公证机构或者注册会计师的确认证明，经税务机关审核认可后，方可作为记账核算的凭证。

第六章　罚　　则

第三十三条　违反本办法的规定，有下列情形之一的，由税务机关责令改正，可以处1万元以下的罚款；有违法所得的予以没收：

（一）应当开具而未开具发票，或者未按照规定的时限、顺序、栏目，全部联次一次性开具发票，或者未加盖发票专用章的；

（二）使用税控装置开具发票，未按期向主管税务机关报送开具发票的数据的；

（三）使用非税控电子器具开具发票，未将非税控电子器具使用的软件程序说明资料报主管税务机关备案，或者未按照规定保存、报送开具发票的数据的；

（四）拆本使用发票的；

（五）扩大发票使用范围的；

（六）以其他凭证代替发票使用的；

（七）跨规定区域开具发票的；

（八）未按照规定缴销发票的；

（九）未按照规定存放和保管发票的。

第三十四条　跨规定的使用区域携带、邮寄、运输空白发票，以及携带、邮寄或者运输空白发票出入境的，由税务机关责令改正，可以处1万元以下的罚款；情节严重的，处1万元以上3万元以下的罚款；有违法所得的予以没收。

丢失发票或者擅自损毁发票的,依照前款规定处罚。

第三十五条 违反本办法的规定虚开发票的,由税务机关没收违法所得;虚开金额在1万元以下的,可以并处5万元以下的罚款;虚开金额超过1万元的,并处5万元以上50万元以下的罚款;构成犯罪的,依法追究刑事责任。

非法代开发票的,依照前款规定处罚。

第三十六条 私自印制、伪造、变造发票,非法制造发票防伪专用品,伪造发票监制章,窃取、截留、篡改、出售、泄露发票数据的,由税务机关没收违法所得,没收、销毁作案工具和非法物品,并处1万元以上5万元以下的罚款;情节严重的,并处5万元以上50万元以下的罚款;构成犯罪的,依法追究刑事责任。

前款规定的处罚,《中华人民共和国税收征收管理法》有规定的,依照其规定执行。

第三十七条 有下列情形之一的,由税务机关处1万元以上5万元以下的罚款;情节严重的,处5万元以上50万元以下的罚款;有违法所得的予以没收:

(一)转借、转让、介绍他人转让发票、发票监制章和发票防伪专用品的;

(二)知道或者应当知道是私自印制、伪造、变造、非法取得或者废止的发票而受让、开具、存放、携带、邮寄、运输的。

第三十八条 对违反发票管理规定2次以上或者情节严重的单位和个人,税务机关可以向社会公告。

第三十九条 违反发票管理法规,导致其他单位或者个人未缴、少缴或者骗取税款的,由税务机关没收违法所得,可以并处未缴、少缴或者骗取的税款1倍以下的罚款。

第四十条 当事人对税务机关的处罚决定不服的,可以依法申请行政复议或者向人民法院提起行政诉讼。

第四十一条 税务人员利用职权之便,故意刁难印制、使用发票的单位和个人,或者有违反发票管理法规行为的,依照国家有关规定给予处分;构成犯罪的,依法追究刑事责任。

第七章 附 则

第四十二条 国务院税务主管部门可以根据有关行业特殊的经营方式和业务需求,会同国务院有关主管部门制定该行业的发票管理办法。

国务院税务主管部门可以根据增值税专用发票管理的特殊需要,制定增值税专用发票的具体管理办法。

第四十三条 本办法自发布之日起施行。财政部1986年发布的《全国发票管理暂行办法》和原国家税务局1991年发布的《关于对外商投资企业和外国企业发票管理的暂行规定》同时废止。

附录四

《会计档案管理办法》

（中华人民共和国财政部　国家档案局令第 79 号）

第一条　为了加强会计档案管理，有效保护和利用会计档案，根据《中华人民共和国会计法》《中华人民共和国档案法》等有关法律和行政法规，制定本办法。

第二条　国家机关、社会团体、企业、事业单位和其他组织（以下统称单位）管理会计档案适用本办法。

第三条　本办法所称会计档案是指单位在进行会计核算等过程中接收或形成的，记录和反映单位经济业务事项的，具有保存价值的文字、图表等各种形式的会计资料，包括通过计算机等电子设备形成、传输和存储的电子会计档案。

第四条　财政部和国家档案局主管全国会计档案工作，共同制定全国统一的会计档案工作制度，对全国会计档案工作实行监督和指导。

县级以上地方人民政府财政部门和档案行政管理部门管理本行政区域内的会计档案工作，并对本行政区域内会计档案工作实行监督和指导。

第五条　单位应当加强会计档案管理工作，建立和完善会计档案的收集、整理、保管、利用和鉴定销毁等管理制度，采取可靠的安全防护技术和措施，保证会计档案的真实、完整、可用、安全。

单位的档案机构或者档案工作人员所属机构（以下统称单位档案管理机构）负责管理本单位的会计档案。单位也可以委托具备档案管理条件的机构代为管理会计档案。

第六条　下列会计资料应当进行归档：

（一）会计凭证，包括原始凭证、记账凭证；

（二）会计账簿，包括总账、明细账、日记账、固定资产卡片及其他辅助性账簿；

（三）财务会计报告，包括月度、季度、半年度、年度财务会计报告；

（四）其他会计资料，包括银行存款余额调节表、银行对账单、纳税申报表、会计档案移交清册、会计档案保管清册、会计档案销毁清册、会计档案鉴定意见书及其他具有保存价值的会计资料。

第七条　单位可以利用计算机、网络通信等信息技术手段管理会计档案。

第八条　同时满足下列条件的，单位内部形成的属于归档范围的电子会计资料可仅以电子形式保存，形成电子会计档案：

（一）形成的电子会计资料来源真实有效，由计算机等电子设备形成和传输；

（二）使用的会计核算系统能够准确、完整、有效接收和读取电子会计资料，能够输出符合国家标准归档格式的会计凭证、会计账簿、财务会计报表等会计资料，设定了经办、审核、审批等必要的审签程序；

（三）使用的电子档案管理系统能够有效接收、管理、利用电子会计档案，符合电子档案的长期保管要求，并建立了电子会计档案与相关联的其他纸质会计档案的检索关系；

（四）采取有效措施,防止电子会计档案被篡改;

（五）建立电子会计档案备份制度,能够有效防范自然灾害、意外事故和人为破坏的影响;

（六）形成的电子会计资料不属于具有永久保存价值或者其他重要保存价值的会计档案。

第九条 满足本办法第八条规定条件,单位从外部接收的电子会计资料附有符合《中华人民共和国电子签名法》规定的电子签名的,可仅以电子形式归档保存,形成电子会计档案。

第十条 单位的会计机构或会计人员所属机构(以下统称单位会计管理机构)按照归档范围和归档要求,负责定期将应当归档的会计资料整理立卷,编制会计档案保管清册。

第十一条 当年形成的会计档案,在会计年度终了后,可由单位会计管理机构临时保管一年,再移交单位档案管理机构保管。因工作需要确需推迟移交的,应当经单位档案管理机构同意。

单位会计管理机构临时保管会计档案最长不超过三年。临时保管期间,会计档案的保管应当符合国家档案管理的有关规定,且出纳人员不得兼管会计档案。

第十二条 单位会计管理机构在办理会计档案移交时,应当编制会计档案移交清册,并按照国家档案管理的有关规定办理移交手续。

纸质会计档案移交时应当保持原卷的封装。电子会计档案移交时应当将电子会计档案及其元数据一并移交,且文件格式应当符合国家档案管理的有关规定。特殊格式的电子会计档案应当与其读取平台一并移交。

单位档案管理机构接收电子会计档案时,应当对电子会计档案的准确性、完整性、可用性、安全性进行检测,符合要求的才能接收。

第十三条 单位应当严格按照相关制度利用会计档案,在进行会计档案查阅、复制、借出时履行登记手续,严禁篡改和损坏。

单位保存的会计档案一般不得对外借出。确因工作需要且根据国家有关规定必须借出的,应当严格按照规定办理相关手续。

会计档案借用单位应当妥善保管和利用借入的会计档案,确保借入会计档案的安全完整,并在规定时间内归还。

第十四条 会计档案的保管期限分为永久、定期两类。定期保管期限一般分为10年和30年。

会计档案的保管期限,从会计年度终了后的第一天算起。

第十五条 各类会计档案的保管期限原则上应当按照本办法附表执行,本办法规定的会计档案保管期限为最低保管期限。

单位会计档案的具体名称如有同本办法附表所列档案名称不相符的,应当比照类似档案的保管期限办理。

第十六条 单位应当定期对已到保管期限的会计档案进行鉴定,并形成会计档案鉴定意见书。经鉴定,仍需继续保存的会计档案,应当重新划定保管期限;对保管期满,确无保存价值的会计档案,可以销毁。

第十七条　会计档案鉴定工作应当由单位档案管理机构牵头,组织单位会计、审计、纪检监察等机构或人员共同进行。

第十八条　经鉴定可以销毁的会计档案,应当按照以下程序销毁:

(一)单位档案管理机构编制会计档案销毁清册,列明拟销毁会计档案的名称、卷号、册数、起止年度、档案编号、应保管期限、已保管期限和销毁时间等内容。

(二)单位负责人、档案管理机构负责人、会计管理机构负责人、档案管理机构经办人、会计管理机构经办人在会计档案销毁清册上签署意见。

(三)单位档案管理机构负责组织会计档案销毁工作,并与会计管理机构共同派员监销。监销人在会计档案销毁前,应当按照会计档案销毁清册所列内容进行清点核对;在会计档案销毁后,应当在会计档案销毁清册上签名或盖章。

电子会计档案的销毁还应当符合国家有关电子档案的规定,并由单位档案管理机构、会计管理机构和信息系统管理机构共同派员监销。

第十九条　保管期满但未结清的债权债务会计凭证和涉及其他未了事项的会计凭证不得销毁,纸质会计档案应当单独抽出立卷,电子会计档案单独转存,保管到未了事项完结时为止。

单独抽出立卷或转存的会计档案,应当在会计档案鉴定意见书、会计档案销毁清册和会计档案保管清册中列明。

第二十条　单位因撤销、解散、破产或其他原因而终止的,在终止或办理注销登记手续之前形成的会计档案,按照国家档案管理的有关规定处置。

第二十一条　单位分立后原单位存续的,其会计档案应当由分立后的存续方统一保管,其他方可以查阅、复制与其业务相关的会计档案。

单位分立后原单位解散的,其会计档案应当经各方协商后由其中一方代管或按照国家档案管理的有关规定处置,各方可以查阅、复制与其业务相关的会计档案。

单位分立中未结清的会计事项所涉及的会计凭证,应当单独抽出由业务相关方保存,并按照规定办理交接手续。

单位因业务移交其他单位办理所涉及的会计档案,应当由原单位保管,承接业务单位可以查阅、复制与其业务相关的会计档案。对其中未结清的会计事项所涉及的会计凭证,应当单独抽出由承接业务单位保存,并按照规定办理交接手续。

第二十二条　单位合并后原各单位解散或者一方存续其他方解散的,原各单位的会计档案应当由合并后的单位统一保管。单位合并后原各单位仍存续的,其会计档案仍应当由原各单位保管。

第二十三条　建设单位在项目建设期间形成的会计档案,需要移交给建设项目接受单位的,应当在办理竣工财务决算后及时移交,并按照规定办理交接手续。

第二十四条　单位之间交接会计档案时,交接双方应当办理会计档案交接手续。

移交会计档案的单位,应当编制会计档案移交清册,列明应当移交的会计档案名称、卷号、册数、起止年度、档案编号、应保管期限和已保管期限等内容。

交接会计档案时,交接双方应当按照会计档案移交清册所列内容逐项交接,并由交接双方的单位有关负责人负责监督。交接完毕后,交接双方经办人和监督人应当在会计档案移交清册上签名或盖章。

电子会计档案应当与其元数据一并移交,特殊格式的电子会计档案应当与其读取平台一并移交。档案接受单位应当对保存电子会计档案的载体及其技术环境进行检验,确保所接收电子会计档案的准确、完整、可用和安全。

第二十五条 单位的会计档案及其复制件需要携带、寄运或者传输至境外的,应当按照国家有关规定执行。

第二十六条 单位委托中介机构代理记账的,应当在签订的书面委托合同中,明确会计档案的管理要求及相应责任。

第二十七条 违反本办法规定的单位和个人,由县级以上人民政府财政部门、档案行政管理部门依据《中华人民共和国会计法》《中华人民共和国档案法》等法律法规处理处罚。

第二十八条 预算、计划、制度等文件材料,应当执行文书档案管理规定,不适用本办法。

第二十九条 不具备设立档案机构或配备档案工作人员条件的单位和依法建账的个体工商户,其会计档案的收集、整理、保管、利用和鉴定销毁等参照本办法执行。

第三十条 各省、自治区、直辖市、计划单列市人民政府财政部门、档案行政管理部门,新疆生产建设兵团财务局、档案局,国务院各业务主管部门,中国人民解放军总后勤部,可以根据本办法制定具体实施办法。

第三十一条 本办法由财政部、国家档案局负责解释,自 2016 年 1 月 1 日起施行。1998 年 8 月 21 日财政部、国家档案局发布的《会计档案管理办法》(财会字〔1998〕32 号)同时废止。

附录五

《中华人民共和国发票管理办法实施细则》

(国家税务总局令第 56 号)

(2011 年 2 月 14 日国家税务总局令第 25 号公布 根据 2014 年 12 月 27 日《国家税务总局关于修改〈中华人民共和国发票管理办法实施细则〉的决定》第一次修正 根据 2018 年 6 月 15 日《国家税务总局关于修改部分税务部门规章的决定》第二次修正 根据 2019 年 7 月 24 日《国家税务总局关于公布取消一批税务证明事项以及废止和修改部分规章规范性文件的决定》第三次修正 根据 2024 年 1 月 15 日《国家税务总局关于修改〈中华人民共和国发票管理办法实施细则〉的决定》第四次修正)

第一章 总 则

第一条 根据《中华人民共和国发票管理办法》(以下简称《办法》)规定,制定本实施细则。

第二条 在全国范围内统一式样的发票,由国家税务总局确定。

在省、自治区、直辖市范围内统一式样的发票,由省、自治区、直辖市税务局(以下简称省税务局)确定。

第三条 《办法》第三条所称电子发票是指在购销商品、提供或者接受服务以及从事其他经营活动中,按照税务机关发票管理规定以数据电文形式开具、收取的收付款凭证。

电子发票与纸质发票的法律效力相同,任何单位和个人不得拒收。

第四条 税务机关建设电子发票服务平台,为用票单位和个人提供数字化等形态电子发票开具、交付、查验等服务。

第五条 税务机关应当按照法律、行政法规的规定,建立健全发票数据安全管理制度,保障发票数据安全。

单位和个人按照国家税务总局有关规定开展发票数据处理活动,依法承担发票数据安全保护义务,不得超过规定的数量存储发票数据,不得违反规定使用、非法出售或非法向他人提供发票数据。

第六条 纸质发票的基本联次包括存根联、发票联、记账联。存根联由收款方或开票方留存备查;发票联由付款方或受票方作为付款原始凭证;记账联由收款方或开票方作为记账原始凭证。

省以上税务机关可根据纸质发票管理情况以及纳税人经营业务需要,增减除发票联以外的其他联次,并确定其用途。

第七条 发票的基本内容包括:发票的名称、发票代码和号码、联次及用途、客户名称、开户银行及账号、商品名称或经营项目、计量单位、数量、单价、大小写金额、税率(征收率)、税额、开票人、开票日期、开票单位(个人)名称(章)等。

省以上税务机关可根据经济活动以及发票管理需要,确定发票的具体内容。

第八条 领用发票单位可以书面向税务机关要求使用印有本单位名称的发票,税务机关依据《办法》第十五条的规定,确认印有该单位名称发票的种类和数量。

第二章　发票的印制

第九条 税务机关根据政府采购合同和发票防伪用品管理要求对印制发票企业实施监督管理。

第十条 全国统一的纸质发票防伪措施由国家税务总局确定,省税务局可以根据需要增加本地区的纸质发票防伪措施,并向国家税务总局备案。

纸质发票防伪专用品应当按照规定专库保管,不得丢失。次品、废品应当在税务机关监督下集中销毁。

第十一条 全国统一发票监制章是税务机关管理发票的法定标志,其形状、规格、内容、印色由国家税务总局规定。

第十二条 全国范围内发票换版由国家税务总局确定;省、自治区、直辖市范围内发票换版由省税务局确定。

发票换版时,应当进行公告。

第十三条 监制发票的税务机关根据需要下达发票印制通知书,印制企业必须按照要求印制。

发票印制通知书应当载明印制发票企业名称、用票单位名称、发票名称、发票代码、种类、联次、规格、印色、印制数量、起止号码、交货时间、地点等内容。

第十四条 印制发票企业印制完毕的成品应当按照规定验收后专库保管,不得丢失。废品应当及时销毁。

第三章　发票的领用

第十五条 《办法》第十五条所称经办人身份证明是指经办人的居民身份证、护照或者其他能证明经办人身份的证件。

第十六条 《办法》第十五条所称发票专用章是指领用发票单位和个人在其开具纸质发票时加盖的有其名称、统一社会信用代码或者纳税人识别号、发票专用章字样的印章。

发票专用章式样由国家税务总局确定。

第十七条 税务机关对领用纸质发票单位和个人提供的发票专用章的印模应当留存备查。

第十八条 《办法》第十五条所称领用方式是指批量供应、交旧领新、验旧领新、额度确定等方式。

税务机关根据单位和个人的税收风险程度、纳税信用级别、实际经营情况确定或调整其领用发票的种类、数量、额度以及领用方式。

第十九条 《办法》第十五条所称发票使用情况是指发票领用存情况及相关开票数据。

第二十条 《办法》第十六条所称书面证明是指有关业务合同、协议或者税务机关认可的其他资料。

第二十一条　税务机关应当与受托代开发票的单位签订协议,明确代开发票的种类、对象、内容和相关责任等内容。

第四章　发票的开具和保管

第二十二条　《办法》第十八条所称特殊情况下,由付款方向收款方开具发票,是指下列情况:

(一)收购单位和扣缴义务人支付个人款项时;

(二)国家税务总局认为其他需要由付款方向收款方开具发票的。

第二十三条　向消费者个人零售小额商品或者提供零星服务的,是否可免予逐笔开具发票,由省税务局确定。

第二十四条　填开发票的单位和个人必须在发生经营业务确认营业收入时开具发票。未发生经营业务一律不准开具发票。

第二十五条　《办法》第十九条规定的不得变更金额,包括不得变更涉及金额计算的单价和数量。

第二十六条　开具纸质发票后,如发生销售退回、开票有误、应税服务中止等情形,需要作废发票的,应当收回原发票全部联次并注明"作废"字样后作废发票。

开具纸质发票后,如发生销售退回、开票有误、应税服务中止、销售折让等情形,需要开具红字发票的,应当收回原发票全部联次并注明"红冲"字样后开具红字发票。无法收回原发票全部联次的,应当取得对方有效证明后开具红字发票。

第二十七条　开具电子发票后,如发生销售退回、开票有误、应税服务中止、销售折让等情形的,应当按照规定开具红字发票。

第二十八条　单位和个人在开具发票时,应当填写项目齐全,内容真实。

开具纸质发票应当按照发票号码顺序填开,字迹清楚,全部联次一次打印,内容完全一致,并在发票联和抵扣联加盖发票专用章。

第二十九条　《办法》第二十一条所称与实际经营业务情况不符是指具有下列行为之一的:

(一)未购销商品、未提供或者接受服务、未从事其他经营活动,而开具或取得发票;

(二)有购销商品、提供或者接受服务、从事其他经营活动,但开具或取得的发票载明的购买方、销售方、商品名称或经营项目、金额等与实际情况不符。

第三十条　开具发票应当使用中文。民族自治地方可以同时使用当地通用的一种民族文字。

第三十一条　单位和个人向委托人提供发票领用、开具等服务,应当接受税务机关监管,所存储发票数据的最大数量应当符合税务机关的规定。

第三十二条　开发电子发票信息系统为他人提供发票数据查询、下载、存储、使用等涉税服务的,应当符合税务机关的数据标准和管理规定,并与委托人签订协议,不得超越授权范围使用发票数据。

第三十三条　《办法》第二十五条所称规定的使用区域是指国家税务总局和省税务局规

定的区域。

第三十四条 《办法》第二十六条所称身份验证是指单位和个人在领用、开具、代开发票时,其经办人应当实名办税。

第三十五条 使用纸质发票的单位和个人应当妥善保管发票。发生发票丢失情形时,应当于发现丢失当日书面报告税务机关。

第五章 发票的检查

第三十六条 税务机关在发票检查中,可以对发票数据进行提取、调出、查阅、复制。

第三十七条 《办法》第三十一条所称发票换票证仅限于在本县(市)范围内使用。需要调出外县(市)的发票查验时,应当提请该县(市)税务机关调取发票。

第三十八条 用票单位和个人有权申请税务机关对发票的真伪进行鉴别。收到申请的税务机关应当受理并负责鉴别发票的真伪;鉴别有困难的,可以提请发票监制税务机关协助鉴别。

在伪造、变造现场以及买卖地、存放地查获的发票,由当地税务机关鉴别。

第六章 罚 则

第三十九条 税务机关对违反发票管理法规的行为依法进行处罚的,由县以上税务机关决定;罚款额在2000元以下的,可由税务所决定。

第四十条 《办法》第三十三条第六项规定以其他凭证代替发票使用的,包括:

(一)应当开具发票而未开具发票,以其他凭证代替发票使用;

(二)应当取得发票而未取得发票,以发票外的其他凭证或者自制凭证用于抵扣税款、出口退税、税前扣除和财务报销;

(三)取得不符合规定的发票,用于抵扣税款、出口退税、税前扣除和财务报销。

构成逃避缴纳税款、骗取出口退税、虚开发票的,按照《中华人民共和国税收征收管理法》《办法》相关规定执行。

第四十一条 《办法》第三十八条所称的公告是指,税务机关应当在办税场所或者广播、电视、报纸、期刊、网络等新闻媒体上公告纳税人发票违法的情况。公告内容包括:纳税人名称、统一社会信用代码或者纳税人识别号、经营地点、违反发票管理法规的具体情况。

第四十二条 对违反发票管理法规情节严重构成犯罪的,税务机关应当依法移送司法机关处理。

第七章 附 则

第四十三条 计划单列市税务局参照《办法》中省、自治区、直辖市税务局的职责做好发票管理工作。

第四十四条 本实施细则自2011年2月1日起施行。

附录六

完善收费公路通行费增值税发票开具工作实施方案

(交办公路[2017]98号)

根据《财政部 国家税务总局关于全面推开营业税改征增值税试点的通知》(财税[2016]36号),道路通行服务(包括过路费、过桥费等)按照不动产经营租赁服务缴纳增值税。鉴于公众出行服务需求及收费公路联网收费现状,2016年8月国家财税部门下达了《关于收费公路通行费增值税抵扣有关问题的通知》(财税[2016]86号)。对情况复杂的收费公路通行费抵扣税款问题给予了过渡期支持政策。为解决收费公路通行费增值税发票开具等实际问题,保障收费公路安全便捷高效通行,特制定本方案。

一、总体要求

(一)指导思想。

全面贯彻落实党的十八大和十八届三中、四中、五中、六中全会精神,深入贯彻习近平总书记系列重要讲话精神和治国理政新理念新思想新战略,认真落实党中央、国务院决策部署,统筹推进"五位一体"总体布局和协调推进"四个全面"战略布局,牢固树立创新、协调、绿色、开放、共享的发展理念,全面推进供给侧结构性改革,以引导纳税人更加及时充分地享受营改增政策红利为目标,以提升公路通行效率和用户服务体验为主线,以公路收费系统改造升级为抓手,深入推动收费公路通行费营改增工作平稳有序顺畅运行,促进现代综合交通运输体系发展。

(二)基本原则。

坚持统筹协调、互联互通。强化顶层设计,依据各地实际需求和建设条件,合理确定工作步骤,充分依托现有系统资源,最大程度降低投入。密切交通、财政、国税部门协作配合,实现信息资源交换共享、互联互通和协同应用。坚持需求导向,注重实效。秉承用户为先,以纳税人需求作为根本出发点,简化业务流程,提升服务效率,最大程度方便纳税人获取发票和实现税款抵扣。坚持转变职能、创新方式。进一步转变职能,简政放权,尽可能利用社会力量,更好地发挥市场机制作用,强化监督,增加公共服务供给。坚持技术先进、安全可控。积极推进新技术应用,确保工程技术先进,系统改造符合技术发展方向。高度重视信息安全体系建设,确保系统安全可靠和稳定运行。

(三)工作目标。

力争到2017年底前,率先实现全国高速公路通行费增值税发票开具工作。力争到2020年底前,建设完成多义性路径识别系统,实现信息化和精准化管理,全面落实营改增政策红利,促进交通运输服务提质升级。

二、工作步骤

全国收费公路通行费增值税发票开具工作,政策性强、涉及面广、时间紧、任务重。各级交通运输部门、财税部门要精心安排,周密筹划,协同配合,确保实施工作顺利进行。

(一)第一阶段(2017年7月前)。

1.交通运输部牵头,制定收费公路通行费增值税发票开具工作相关系统改造、建设、运营服务的总体方案和规范要求,配合财政部、税务总局开展相关工作。

2.税务总局牵头,研究完善收费公路通行费增值税发票使用等管理规定,配合交通运输部开展方案编制和规范编写。

3.财政部牵头,根据财政预算管理有关规定,对部级收费公路联网收费系统相关升级改造建设和必要的维护支出按部门预算管理规定安排财政资金予以支持。

4.各省级交通运输主管部门与财税部门制定本省(区、市)实施方案,健全工作机制,分解工作任务,为实施工作的顺利开展奠定基础。

(二)第二阶段(2017年12月底前)。

1.交通运输部牵头,升级改造部级收费公路联网收费系统,采用政府和市场合作模式建设收费公路通行费增值税发票服务平台系统,指导省级交通运输主管部门升级改造省级收费公路联网收费系统,实现高速公路通行费增值税电子发票开具。

2.税务总局牵头,完善相关信息系统,配合部省两级交通运输部门收费系统改造、涉税系统建设和相关业务开展。

3.交通运输部牵头,组织开展收费公路通行费增值税发票开具业务培训和政策宣贯。

4.各级交通运输部门与财税部门组织开展收费公路通行费增值税发票开具宣传。

(三)第三阶段(2018年6月底前)。

1.各省级交通运输主管部门牵头,完成本省(区、市)内高速公路收费车道高清车牌识别系统升级改造。

2.各省级交通运输主管部门牵头,根据本省(区、市)经营性一、二级收费公路的情况开展收费车道技术改造,使其具备非现金支付卡刷卡功能,满足联网数据传输要求。

(四)第四阶段(2019年6月底前)。

1.各省级交通运输主管部门牵头,建成高速公路多义性路径识别系统,实现按车辆实际通行路程收费。

2.组织开展收费公路通行费增值税发票开具工作总结评估。

三、工作要求

(一)加强组织领导。在国务院全面推开营改增试点部际联席会议领导下,由交通运输部、财政部、税务总局相关业务部门组成工作组,负责全国收费公路通行费增值税发票开具工作的业务指导、组织协调等推进工作。各省级交通运输、财政、国税部门成立由主要领导牵头的领导小组,负责组织开展本省(区、市)收费公路通行费增值税发票开具具体实施工作,建立工作协同机制,指导协调解决实施过程中出现的各种问题。

(二)保障资金投入。各省级交通运输、财政部门应对收费公路通行费增值税发票开具工作涉及的联网收费系统改造、多义性路径识别系统建设、客服体系建设、配套设施建设等按照《收费公路管理条例》有关规定给予资金支持。其中,政府还贷收费公路所需资金从财政部门批准的车辆通行费预算中列支;经营性收费公路所需资金从车辆通行费中列支;新改建收费公路将相关配套设施纳入项目概算。

（三）严格执行政策规范。收费公路通行费增值税发票开具工作应遵循国家税收政策、收费公路相关标准规范，做好数据处理、业务开展、安全保障、客户服务等工作。

（四）加大宣传力度。广泛利用各种媒体渠道对收费公路通行费增值税发票开具及税款抵扣有关政策进行宣传，注重宣传实效，让社会公众充分了解实施收费公路通行费营改增的意义，提高公众认识度，扩大社会影响，努力营造有利于收费公路通行费营改增工作的良好舆论氛围。

附录七

《交通运输部办公厅　国家税务总局办公厅〈关于做好收费公路通行费增值税发票开具系统上线运行有关准备工作的通知〉》

（交办公路明电〔2017〕58号）

各省、自治区、直辖市交通运输厅（委）、国家税务局，新疆生产建设兵团交通局，各计划单列市国家税务局：

为贯彻落实《交通运输部办公厅　财政部办公厅　国家税务总局办公厅关于印发〈完善收费公路通行费增值税发票开具工作实施方案〉的通知》（交办公路〔2017〕98号，以下简称《实施方案》）工作要求，加快推动工作任务落实，现就做好收费公路通行费增值税电子普通发票（以下简称通行费发票）开具系统上线运行有关准备工作事项通知如下：

一、工作目标

2017年底前具备高速公路通行费发票开具服务能力，各项运营服务工作准备到位。2018日起实现高速公路通行费发票统一开具。增值税一般纳税人可通过增值税发票选择确认平台勾选用于抵扣的通行费发票。

二、重点任务

（一）加快推进系统建设，按期完成系统联调联试。

交通运输部路网监测与应急处置中心（以下简称交通运输部路网中心）应加大力度推进部级系统建设，协调各省（区、市）联网结算管理中心和发票服务平台开展系统建设、联调联试、数据验证等工作，于2017年12月20日前保证系统具备生产测试条件。

各省（区、市）交通运输主管部门应加强监管，按要求完成本省（区、市）收费系统阶段性升级改造，加快推进省级数据治理，按时完成数据验证测试工作，于2017年12月10日前具备发票基础数据的采集、传输、汇聚能力，完成与部级系统的对接。

发票服务平台应于2017年12月15日前，完成与国家税务总局相关业务系统对接。

国家税务总局电子税务管理中心应于2017年12月15日前完成系统升级并与发票服务平台系统对接，支撑收费公路通行费发票开具业务实现。

2017年12月20日至25日，各系统应加载真实业务数据，完成联调联试，具备开具通行费发票能力。

（二）多方联动，按期完成税控设备托管。

各省（区、市）交通运输主管部门应在前期已完成各开票方（收费公路经营管理单位与ETC发行方）信息登记工作的基础上，组织开票方登录发票服务平台（http://boms.txffp.com）完成信息核对。

通行费发票开具工作采用统一的税控设备，各省（区、市）交通运输主管部门组织开票方完成税控设备领购，于2017年12月前完成税控设备发行、通行费发票票种核定、发票申领等工作，于2017年12月15日前完成电子签章办理。

按照《实施方案》提出的采用政府＋市场模式建设通行费发票服务平台系统，交通运输部路网中心组织成立了市场化服务公司[行云数聚(北京)科技有限公司],建设并运营发票服务平台,提供通行费发票开具服务。开票方应尽快将税控设备托管至发票服务平台运营企业,进行生产测试和试行电子发票开具。各省(区、市)交通运输主管部门应2017年12月9日前,完成本省(区、市)内开票方税控设备的汇总,认真核对开票单位及对应的税控设备,于2017年12月12日前集中送交至交通运输部路网中心。试行电子发票开具工作要于2017年12月31日前完成。试行工作结束后,开票方可按相关政策要求,依法合规与发票服务平台运营企业签订委托服务协议。双方应明确权利义务,切实保障各方合法权益。

(三)优化服务,切实保障发票使用。

各级国税机关应采取多种措施保障开票方及时办理涉税事项并顺利开具通行费发票,主要包括:一是加强税收政策宣传和辅导,采取一对一个性化培训的方式,确保开票方能够掌握相关税收政策;二是建立办税服务绿色通道,为开票方提供一站式全流程服务,优先办理税控设备发行、通行费发票票种核定、发票申领等工作,确保12月8日前所有开票方能够领用通行费发票;三是按需核定开票方通行费发票领购数量;四是将开票方列入增值税申报比对管理白名单;五是适当延长发票开具数据每月上传截止日期;六是各省(区、市)国税局应于2017年12月31日前实现增值税电子普通发票网上验旧及申领。

(四)提前谋划,务实做好运营服务保障和宣传引导。

交通运输部路网中心牵头组织制定运营保障方案,明确原有各省(区、市)发票业务向通行费发票服务过渡的总体原则,上线后日常税控设备管理、数据监控与业务协调处理等业务实施要求,面向行业用户的咨询与投诉处理规则与流程,以及面对系统故障与社会舆论压力等特殊情况的应急保障措施。各省(区、市)交通运输主管部门根据运营保障方案,结合本省(区、市)实际,组织制定本省(区、市)相关方案并开展人员培训,并于系统上线后按要求开展业务监控与运营管理相关工作,及时、规范地协调解决运营问题,保障业务平稳、有序进行。

各省(区、市)交通运输主管部门和国税机关应按照交通运输部和国家税务总局统一部署,结合本省(区、市)实际,联合制定宣传方案,向社会大众及开票方全面开展政策宣传工作。各单位应同时制定应急预案,加强舆情监测,发现情况及时妥善处置。

三、工作要求

各省(区、市)交通运输主管部门和国税机关要把此项工作列入重要日程,进一步完善协作机制,严格按照任务目标和时间要求,切实加强组织领导,细化责任分工,密切配合,确保各项准备工作顺利推进,按期优质完成工作任务。

交通运输部办公厅　国家税务总局办公厅
2017年12月6日

参 考 文 献

[1] 交通运输部路网监测与应急处置中心.收费公路联网收费工作指南:清分结算服务工作[M].北京:人民交通出版社股份有限公司,2022.
[2] 四川试点高速公路通行费"纸改电"[N].四川日报,2021-08-09(02).
[3] 孙世荣.规范车辆通行费票据的几点建议[J].会计之友(下旬刊),2006,(11):32-34.